DE L'AMÉNAGEMENT

ET

DE L'UTILISATION DES EAUX

AU POINT DE VUE AGRICOLE

Étude sur l'œuvre des Associations syndicales et le concours de l'État en cette matière

THÈSE POUR LE DOCTORAT

PAR

Jacques BOURGET

AVOCAT A LA COUR D'APPEL

PARIS
LIBRAIRIE NOUVELLE DE DROIT ET DE JURISPRUDENCE
ARTHUR ROUSSEAU, ÉDITEUR
14, RUE SOUFFLOT ET RUE TOULLIER, 13
1898

THÈSE

POUR LE DOCTORAT

UNIVERSITÉ DE PARIS. — FACULTÉ DE DROIT

DE L'AMÉNAGEMENT

ET

DE L'UTILISATION DES EAUX

AU POINT DE VUE AGRICOLE

Étude sur l'œuvre des Associations syndicales et le concours de l'État
en cette matière

THÈSE POUR LE DOCTORAT

L'ACTE PUBLIC SUR LES MATIÈRES CI - APRÈS

Sera soutenu le jeudi 26 mai 1898, à 1 heure

PAR

Jacques BOURGET

AVOCAT A LA COUR D'APPEL

Président : M. ESMEIN,

Suffragants : MM. THALLER, BERTHÉLÉMY, *professeurs.*

PARIS
LIBRAIRIE NOUVELLE DE DROIT ET DE JURISPRUDENCE
ARTHUR ROUSSEAU, ÉDITEUR
14, RUE SOUFFLOT ET RUE TOULLIER, 13
1898

INTRODUCTION

Parmi les objets si divers qui s'imposent à l'attention du législateur, il n'en est guère de plus intéressant, de plus conforme aux traditions démocratiques d'un peuple libre et travailleur, que l'étude des mesures propres à favoriser l'agriculture, et à permettre à la petite propriété, dépourvue de capitaux, d'améliorer ses domaines et d'exécuter les travaux que son extrême division semble de prime abord lui interdire. Il y a même là, peut-on dire sans exagération, un engagement moral pris par le régime qui a posé le principe de l'accession de tous à la propriété de la terre, et qui a tant de fois, surtout en ces dernières années, renouvelé aux propriétaires fonciers la promesse de son concours.

Pour des raisons variées, il est certain, en effet, que le riche territoire de la France ne rend pas encore à ceux qui le cultivent le produit qu'ils seraient en droit d'attendre de leurs efforts : défaut d'entente entre propriétaires voisins, manque d'unité dans l'exécution de travaux qui, pour être efficaces, doivent être accomplis sous une direction unique et constante, absence de capitaux enfin, voilà les causes principales qui entravent l'enrichissement des campagnes, et ont pour conséquence fatale l'exode vers les villes de leurs habitants, attirés par l'espoir, bientôt déçu d'ailleurs, d'un labeur moins pénible et d'une rémunération plus large de leurs peines. Aussi entendons-nous aujourd'hui, d'une part, les plaintes des cultivateurs, dont les efforts sont souvent rendus stériles par la cherté de la main-d'œuvre qui entrave la production, et la concurrence des pays étrangers qui diminue les débouchés nécessaires à l'écoulement de leurs produits, et d'autre part, les avertissements des économistes et des philosophes, réunis pour une fois dans une pensée commune, qui livrent à nos méditations les conséquences matérielles et morales que cet état de choses devra forcément entraîner.

Développer et favoriser la production agricole, assurer ensuite la rémunération nécessaire du travail et des capitaux dépensés, tels sont les deux termes du problème qui a été soumis à la sollicitude du gouvernement. Du second nous n'avons rien à dire ici; les régimes successivement appliqués du libre-échange et du protectionnisme, attestent tout au moins les efforts accomplis pour parvenir à une solution qu'il serait prématuré de déclarer décisive; quant au premier, il soulève des questions multiples dont l'élaboration si pénible et si lente du Code rural, depuis longtemps entreprise, suffit à attester l'importance. Or, parmi ces questions, il en est une que M. de Freycinet, alors ministre des Travaux publics, signalait à l'attention du législateur, par son rapport au Président de la République du 4 septembre 1878, dans les termes suivants : « Les études prescrites par les décrets des 2 et 15 janvier 1878, en vue de l'achèvement de nos voies de communication, sont aujourd'hui arrivés à leur terme. Déjà un projet de loi sur le classement du réseau complémentaire des chemins de fer d'intérêt général a été déposé ; deux autres projets, relatifs aux chemins de fer d'intérêt local et aux voies ferrées établies sur route, l'ont été également. Le projet de loi sur le classement général des voies navigables est prêt ; divers projets concernant nos principaux ports de commerce le seront incessamment ; les uns et les autres pourront être soumis aux Chambres dès leur rentrée. Le moment me semble donc venu d'aborder un nouveau sujet d'études, qui forme le complément naturel du programme des travaux publics, je veux parler de l'aménagement et de l'utilisation des eaux, au double point de vue agricole et industriel. »

Au point de vue agricole, en effet, le seul dont nous ayons à nous occuper ici, les rapports présentés à la Commission supérieure des Eaux, réunie par décret du 5 septembre 1878, sur l'initiative ainsi prise par M. de Freycinet, démontraient sans peine toute l'importance de cette partie du programme des travaux publics élaboré depuis 1870, qui peut se définir brièvement en ces termes : discipliner et diriger les eaux pour favoriser leur action fertilisante sur les terres, soit que, comme dans le midi de la France, l'arrosage ait simplement pour but de fournir au sol l'humidité nécessaire pour dissoudre les matières qu'il contient et les transformer en sucs nourriciers ; soit que, comme dans les départements du centre, le séjour prolongé de l'eau sur les terres soit indispensable pour modifier la nature du sol par l'engrais naturel qu'elle y apporte. Or, la plupart des départements français ne sont pas traversés par des cours d'eau, ou ne réussissent à tirer qu'une faible utilité des fleuves ou des rivières qu'ils possèdent. Dans le cas d'absence totale de cours d'eau, il est possible d'y suppléer par la création sur beaucoup de points, dans les gorges des montagnes en particulier, de barrages destinés à retenir et emmagasiner les eaux pluviales pour les employer, au fur et à mesure des besoins, aux irrigations indispensables plus que partout ailleurs dans une contrée dépourvue d'eau courante ; quant aux eaux des fleuves et rivières, il est certain que la plus grande partie s'en va se perdre à la mer, sans avoir rendu aux populations riveraines les services si nombreux qu'elles pourraient en tirer, au prix quelquefois de bien faibles efforts. Outre les bienfaits de l'irrigation, le limon que les eaux contiennent peut aussi être employé au colmatage et avoir ainsi la double utilité d'assécher les terres trop humides, et de fournir aux terres arides le complément nécessaire pour assurer leur fertilité ; enfin dans les départements viticoles qui peuvent disposer de masses d'eau importantes, les ravages du phylloxera peuvent être considérablement atténués et souvent même neutralisés par la submersion, prolongée pendant un ou deux mois, des vignes contaminées ; ces départements peuvent ainsi reprendre une culture à laquelle ils avaient parfois dû renoncer, et qui constituait leur plus grande source de richesse.

Tels sont les bénéfices considérables que peut donner à l'agriculture un emploi habile et rationnel d'eaux qui, sans l'exécution de certains travaux, resteraient inutilisées, mais à côté de ces avantages que l'on pourrait appeler positifs, il en est d'autres qui pour être négatifs, n'en ont pas moins de prix. C'est qu'en effet, les eaux peuvent être, selon la célèbre expression d'Ésope, ce qu'il y a de meilleur et ce qu'il y a de pire ; s'il est utile dans certaines contrées de les recueillir et de les employer à la fertilisation de la terre, il est d'autres régions où leur abondance constitue au contraire un mal contre lequel la lutte est indispensable : le dessèchement des marais et des étangs est l'objet de la sollicitude des pouvoirs publics en France depuis trois siècles. Les marais forment autant de foyers de pestilence qui empoisonnent une contrée et déciment la population ; les étangs, pour n'avoir pas de si graves inconvénients, n'en enlèvent pas moins à la culture d'immenses étendues dont le dessèchement serait une source de prospérité ; enfin, à côté des marais et des étangs, il est des terrains dont le sous-sol imperméable empêche l'absorption des eaux, et qui constituent ce que l'on appelle du terme générique de terres humides et insalubres. La stagnation des eaux sur ces terres peut constituer, comme pour les marais, une cause d'infection ; toujours elle a pour effet d'empêcher leur mise en culture, ou tout au moins de n'y permettre que des plantations d'un rapport minime ; pour toutes ces catégories de terrains un aménagement rationnel constitue donc d'abord un bienfait public au point de vue de la salubrité, et développe ensuite la richesse agricole, car il est reconnu que dans les terres autrefois humides, les germes déposés par l'eau assurent un rendement supérieur à celui des terres normales après un aménagement convenable. C'est à un besoin analogue, dans de moindres proportions, que répond le drainage, destiné à faciliter l'écoulement des eaux qui séjournent sur un fonds et à opérer ainsi son assainissement.

Enfin l'abondance des eaux, à la suite de pluies répétées, peut être la cause de désastres qui, en détruisant en quelques instants les travaux agricoles d'une année entière, atteignent les populations dans leur existence même ; des exemples trop récents attestent suffisamment la fréquence des débordements des fleuves, même les plus paisibles, à la suite de violents orages ou de la fonte des neiges. Pour parer à ces dangers, des travaux sont nécessaires le long du cours des fleuves ; ils sont surtout indispensables à leur source, car c'est à la montagne même que le désastre se prépare et que les effets en sont les plus terribles : l'absence de forêts et même de végétation sur les hauteurs, l'imperméabilité du sol rocheux facilitent la formation de torrents qui, après avoir tout emporté et tout détruit sur leur passage, arrivent grossir dans la vallée la rivière qui les reçoit et continuer jusqu'à l'embou-

chure leur œuvre de dévastation. Diriger l'écoulement des
eaux, les retenir au moyen de barrages, protéger les
berges et maintenir dans la limite possible les torrents
dans leur lit naturel, tels sont les travaux à entreprendre
pour lutter contre les inondations en montagne ; mais le
remède le plus puissant, sanctionné par la législation mo-
derne, consiste dans le boisement et le gazonnage des som-
mets et des pentes ; ce sont les bois et l'herbe qui constituent les meilleurs réservoirs et les meilleurs barrages, et
c'est en faisant le contraire de ce que bien des populations
ignorantes avaient fait, c'est-à-dire en facilitant le reboisement des montagnes, que les habitants de ces contrées
peuvent se procurer à peu de frais un instrument de protection contre les crues subites des torrents, en même
temps qu'une richesse nouvelle par l'aménagement de terrains autrefois délaissés et incultes.

De ce rapide exposé des avantages et aussi des dangers
que présentent les eaux pour l'agriculture, ressort toute
l'importance des travaux imposés aux cultivateurs et à
tous les habitants des campagnes pour continuer à assurer le rendement de leurs propriétés ou pour leur rendre
une prospérité perdue, soit qu'ils doivent amener jusqu'à
leurs fonds les eaux dont ils peuvent disposer, soit qu'ils
soient contraints de se défendre contre les ravages causés par
les crues ou contre l'excès d'humidité de leurs terres. Mais
ces travaux, comment les exécuter pour des cultivateurs
dont chacun ne possède qu'une faible partie du sol et n'est

pas disposé à tenter des efforts dont il ne peut apercevoir le plus souvent l'utilité immédiate ? Il ne s'agit pas ici de ces travaux nécessaires à l'approvisionnement ou à l'assainissement des villes, dont l'exécution dépend uniquement de capitaux faciles à réunir pour des collectivités riches ; il s'agit de travaux destinés à enrichir l'ensemble d'une contrée, mais exigeant l'union des propriétaires intéressés pour pouvoir être faits sous une direction unique, qui seule assurera leur succès et leur efficacité. Il est bien évident, en effet, que chaque propriétaire ne peut limiter ses efforts à l'étendue de son territoire ; c'est par des travaux exécutés souvent à grande distance, et moyennant des frais considérables dont il ne pourra fournir personnellement qu'une bien faible partie, qu'il donnera la prospérité à son fonds, en même temps qu'à la région environnante. Et de là les difficultés qui entravent toujours l'exécution de ces travaux forcément collectifs ; le petit propriétaire éprouve d'abord une répugnance toute particulière à fournir un capital pour une œuvre à longue échéance, et dont il craindra toujours de voir profiter ses voisins à son détriment ; ensuite, si cette répugnance vient à être vaincue, la part de sa contribution ne sera jamais que bien minime, en raison précisément du faible revenu que lui a jusque-là fourni la propriété qu'il espère améliorer. Enfin, et en supposant même tous ces obstacles heureusement écartés, les propriétaires consentant à se réunir et à fournir une contribution suffisante, qui prendra l'initiative et la direction de cette œuvre hérissée de difficultés, à la

fois morales et matérielles ? Qui jouira de l'autorité nécessaire pour décider les hésitants, assumer la responsabilité
de la gestion des fonds communs et concilier à la fois l'intérêt général et les multiples intérêts particuliers en présence?

Pour faciliter l'accomplissement d'une œuvre aussi
importante et aussi délicate, l'intervention de l'Etat a paru
devoir être parfois nécessaire; mais dans quels cas et
dans quelle mesure devait-elle se produire? Il ne s'agissait pas de substituer à l'action des intéressés l'action de
l'Etat, qui compromettrait ses finances et aurait le résultat
fâcheux de supprimer l'initiative individuelle; il s'agissait de fournir à ces intéressés, quand l'utilité de l'œuvre
à entreprendre serait reconnue, et qu'ils ne pourraient seuls
y suffire, l'appui de l'autorité administrative qui leur assu-
rerait à la fois sa protection et son contrôle. L'association
syndicale a paru le meilleur instrument à employer dans
ce but; d'une part elle a l'avantage d'exiger, par le groupement nécessaire des intéressés, la coopération de tous
ces intéressés à l'œuvre commune, et d'autre part elle
permet à l'Etat d'accorder à une collectivité, agissant dans
un intérêt général, la protection financière et morale qu'il
ne pourrait que difficilement accorder à de simples particuliers. Et c'est pourquoi la loi a prévu, ainsi que nous
l'exposerons plus loin, une catégorie d'associations auxquelles l'action et la coopération de l'Etat sont nécessaires;
par le fait même que l'Etat intervient dans leur constitution et leur fonctionnement, il jouit de la faculté de leur

prêter un appui qu'il pourra mesurer au degré d'intérêt que présente l'œuvre projetée, et un concours dont il pourra assurer l'efficacité par le rôle qu'il se réservera dans l'administration des fonds employés. Il peut ainsi encourager et déterminer la formation d'associations que l'inertie des intéressés empêchait de naître malgré leur utilité reconnue ; il peut aussi, par le contrôle auquel il soumettra cette formation et l'action de l'association une fois constituée, empêcher l'oppression des petits propriétaires par d'autres plus puissants, et régler à la fois les droits des intéressés et ceux de l'association elle-même, entre lesquels l'harmonie est parfois difficile à établir et surtout à conserver.

Théoriquement, on peut donc dire que l'association syndicale constitue le moyen idéal et parfait, pour parvenir à exécuter les grands travaux d'utilité et d'amélioration agricoles, en exigeant la coopération des propriétaires sans épuiser leurs ressources, et en permettant l'appui de l'État sans engager directement ses finances ; mais dans l'application se retrouvent toutes les difficultés inhérentes à la difficulté même de concilier des intérêts si divers, et en particulier de réglementer le concours que l'État doit prêter à l'association syndicale. Si l'association conserve le rôle qui semble de prime abord devoir lui appartenir, s'il lui est réservé d'assurer sa formation et de réglementer sa propre administration, et si l'État n'intervient que pour lui prêter son concours financier, il est à craindre, ou que les hésitations de certains propriétaires empêchent soit d'entreprendre l'œuvre soit de la mener à bonne fin, ou que ces hésitations souvent légitimes ne soient pas respectées, et que la protection des libertés individuelles soit insuffisamment assurée; si l'État prend au contraire un rôle prépondérant, il existera alors ce double danger, que ses engagements puissent arriver à se trouver supérieurs à la part qu'il entendait prendre au début dans l'entreprise, et que les intéressés ne soient que trop disposés à s'en remettre entièrement à l'État de l'initiative et de l'exécution de travaux dont ils doivent tirer un profit personnel, et auxquels ils doivent par conséquent prendre une part proportionnelle à leur intérêt, tout en pouvant prétendre à un certain appui de l'État.

Et ainsi s'explique le défaut de clarté, et à mieux dire l'insuffisance des textes législatifs sur cette matière, malgré les lois et décrets réglementaires rendus récemment encore. Chose singulière dans un pays où l'excès des lois est certainement plus à redouter que leur pénurie, avant la loi du 21 juin 1865, aucune législation précise ne réglementait les associations syndicales, et c'est cette même loi qui continue à les réglementer aujourd'hui, avec certaines modifications apportées par la loi du 22 décembre 1888! il n'a donc jamais existé qu'une seule loi constitutive des associations syndicales. Il est bien évident qu'il n'y en avait pas moins, avant la loi de 1865, certains textes applicables à la constitution et à l'administration de ces sociétés; mais aucun de ces textes ne leur était spécialement et exclusivement applicable, et n'en réglait les détails, si importants dans l'exécution d'une œuvre collective ; la loi de 1865 est le véritable Code des Associations syndicales. C'est pourquoi nous n'étudierons pas, pour les comparer entre elles, les situations faites aux associations, avant leur loi organique. par les textes qui les régissaient : nous ne retiendrons que ceux dont les lois modernes ont maintenu l'application exceptionnelle ; et c'est dans la législation actuelle que nous rechercherons la solution de cette question si importante et si complexe qu'elle n'est peut-être pas encore définitivement résolue : Dans quelle mesure se combinent l'œuvre des associations syndicales, constituées pour opérer l'aménagement et l'utilisation des eaux au point de vue agricole, et le concours que l'Etat peut leur prêter ? Cette législation nous a seule traduit en effet d'une façon précise la pensée du législateur : il nous suffira donc de retracer de la législation antérieure à cette époque ce qui peut nous montrer les idées qui ont présidé à la naissance et à la lente élaboration des règles applicables à ces associations.

Les associations syndicales sont nées au moyen âge de la nécessité pour des populations pauvres, qui ne pouvaient espérer l'appui d'un gouvernement peu soucieux des intérêts privés, de s'organiser pour lutter contre les dévastations qui menaçaient leurs maigres cultures ; leur seule ressource était de réunir leurs forces et de chercher dans ce groupement le moyen d'exécuter des travaux que le faible développement de l'industrie rendait plus difficiles encore à accomplir. L'autorité n'intervenait guère alors que pour régler plus ou moins imparfaitement les relations respectives des membres de ces associations; les chartes de concession qui nous ont été conservées, et qui émanent des seigneurs ou des évêques, ou parfois d'édits de rois ou de Parlements, ne laissent entrevoir que bien rarement la trace d'un concours quelconque prêté à ces associations; le plus souvent même il n'existait guère d'autres règles que les usages locaux, et si les associations syndicales peuvent être fières de leur glorieuse histoire quant à l'initiative individuelle dont elles attestent le développement passé, et quant aux immenses services qu'ont rendus certaines d'entre elles, comme les Wateringues du Nord et les travaux d'endiguement du Rhône, elles ne fournissent que peu d'éléments d'appréciation au commentateur qui recherche les relations juridiques unissant leurs membres ou la situation respective de ces associations et des autorités qui s'arrogeaient le droit de les réglementer. Cette portion du droit privé était absolument négligée sous l'ancien régime, et l'on peut dire, au point de vue qui nous occupe plus particulièrement, que les associations syndicales qui existaient alors n'avaient été constituées que sous l'influence de la nécessité qui réunissait les habitants d'un territoire dans un effort commun, et qu'on ne peut constater à aucun degré, dans l'œuvre des autorités administratives de l'époque, l'existence des principes qui ont guidé les législateurs des époques postérieures.

C'est à la Révolution que revint l'honneur d'apprécier

toute l'importance des travaux agricoles, et de comprendre en même temps que devant la division extrême du sol qu'elle favorisait de tout son pouvoir les efforts individuels ne pouvaient suffire, que pour l'exécution de grands travaux il fallait une direction unique et même parfois une coercition dont la mesure seulement pouvait être variable. Nous voyons donc, dans l'époque intermédiaire, apparaître quelques textes législatifs qui attestent cette pensée nouvelle du législateur : la loi des 12-20 août 1790, qui n'avait guère d'autre prétention que de faciliter l'étude de la solution à intervenir, en confiant provisoirement aux administrations départementales le soin de rechercher les mesures à prendre pour « diriger les eaux, autant qu'il serait possible, vers un but d'utilité générale d'après les principes de l'irrigation »; la loi des 28 septembre-6 octobre 1791, qui sanctionnait en faveur des riverains le droit jusqu'alors établi par les seuls usages de faire des prises d'eau dans les rivières navigables et flottables « sans néanmoins en détourner ni embarrasser le cours d'une manière nuisible au bien général et à la navigation établie »; la loi des 3-21 septembre 1792, qui exemptait d'impôts ceux qui construisaient des digues ou un pont pour cultiver un atterrissement. Mais ces lois n'avaient en vue que de favoriser les efforts individuels en accordant certains avantages à ceux qui contribuaient à l'amélioration de leurs propriétés, et la première loi qui prévoie, dans des termes encore peu explicites, la réunion des propriétaires pour un travail d'intérêt commun, est la loi du 4 pluviôse an VI, qui autorise les propriétaires des départements de la Vendée, des Deux-Sèvres et de la Charente-Inférieure, à se réunir pour l'entretien des dessèchements jadis autorisés par des édits de 1599 et de 1607. De même l'importante loi du 14 floréal an XI, qui avait pour objet le curage des cours d'eau non navigables ni flottables et l'entretien de leurs digues, ne prévoyait pas encore en termes exprès la réunion des propriétaires en associations pour l'exécution de ces travaux ; mais elle conférait à l'administration, dans un intérêt de salubrité publique, le droit de prescrire avec un pouvoir réglementaire les mesures propres à assurer cette exécution, et c'est en usant de ce pouvoir que l'administration a pu créer les premières associations syndicales.

Dans le droit actuel, et après les indications ainsi fournies par la période révolutionnaire, le premier texte où l'on croirait pouvoir trouver l'expression de cette pensée nouvelle du législateur, c'est le Code civil ; mais il est absolument muet sur les associations syndicales, et la loi qui les a réglementées pour la première fois, en ne craignant pas de prononcer le nom de syndicats de propriétaires, et en conférant d'ailleurs à l'autorité administrative une toute-puissance qui cadrait à merveille avec la conception des droits de l'État admise à l'époque impériale, c'est la loi du 16 septembre 1807, qui confiait à des syndicats de propriétaires le dessèchement des marais et les travaux de défense contre la mer, les fleuves, les rivières et les torrents, et permettait au gouvernement d'organiser

des associations semblables pour exécuter les travaux nécessaires à la salubrité des villes et des campagnes. A
partir de cette époque, des associations pouvaient donc se
constituer dans certains cas, devaient obligatoirement se
constituer dans d'autres cas qui étaient à peu près soumis
à l'arbitraire de l'administration, et les décrets de décentralisation du 25 mars 1852 et du 12 avril 1861 n'ont fait
que consacrer le principe du droit souverain réservé à
l'administration, en permettant aux préfets d'autoriser par
arrêté les associations formées avec l'assentiment des propriétaires pour les irrigations et les syndicats forcés de
curage, à l'exclusion de toutes les autres associations,
dont la formation restait subordonnée à l'agrément du chef
de l'État.

Nous trouvons encore, à cette même époque de formation, les décrets du 4 thermidor an XIII et du 21 janvier
1808, rendus à l'effet d'organiser des travaux de défense
dans les départements des Hautes-Alpes et du Rhin, ensuite
nous ne rencontrons plus aucune loi sur cette matière
jusqu'à la loi si importante, quoiqu'elle n'ait pas produit
tous les résultats que l'on pouvait légitimement en attendre,
du 10 juin 1854 sur le drainage, qui a néanmoins rendu
à la culture, de 1854 à 1862, 122.000 hectares de terres
jusque là stériles, grâce surtout au vote postérieur de la
loi du 17 juillet 1856, qui affectait une somme de 100 millions à des prêts destinés à faciliter ces opérations de drainage. Enfin, la loi du 28 mai 1858 eut pour objet les mesures collectives à prendre contre les inondations, et les

deux lois du 28 juillet 1860 réglementèrent, l'une la mise en valeur des marais ou terres incultes appartenant aux communes, et l'autre le reboisement des montagnes.

Nous arrivons ainsi à la première loi qui s'applique spécialement aux associations syndicales, à la loi du 21 juin 1865, qui les régit encore. La loi de 1865 a été votée d'abord et surtout sous l'influence des plaintes des agriculteurs, qui demandaient une réglementation plus précise de leurs droits, qu'il était parfois bien difficile de reconnaître et de délimiter dans l'enchevêtrement des textes parfois contradictoires qui les déterminaient; aussi était-ce l'arbitraire de l'administration toute-puissante de l'époque qui tranchait le plus souvent les difficultés en dernier ressort. Mais, en outre, il se produisit à cette époque une véritable révolution économique, d'une immense portée, qui devait à elle seule contraindre le gouvernement à donner une solution à cette question tant de fois abordée et tant de fois remise en discussion : nous voulons parler du brusque remplacement du système de la protection, sous lequel notre agriculture et notre industrie avaient vécu jusqu'en 1860, par le système du libre échange, qui ouvrait toutes grandes les portes de la France aux produits des autres nations, et qui devait contraindre l'agriculture française à s'améliorer et à se renouveler pour soutenir une lutte à laquelle elle ne s'était pas encore préparée. L'importation étrangère, favorisée par les immenses ressources des pays neufs, où le sol et la main-d'œuvre étaient à bas prix, devait rencontrer une faible

résistance dans un pays déjà ancien, où la civilisation et
l'extension de la fortune individuelle avaient facilité une
très grande division de la propriété, favorable à l'attache-
ment du paysan à son sol natal, mais nuisible aussi au
développement d'une production disséminée sur tout le
territoire et manquant de capitaux ; il fallait donc, et
c'était une question de vie ou de mort pour notre agriculture, trouver le moyen de lui donner une vigueur nouvelle, et l'on songea alors à développer les associations
de propriétaires qui respecteraient les droits individuels
tout en réunissant des efforts jusque-là isolés et par cela
même improductifs. Le gouvernement reconnut que pour
favoriser la création des associations syndicales, il fallait
simplifier leurs rapports avec l'administration, soit pour
leur formation, soit pour tous les actes de leur vie civile,
et renoncer à une centralisation trop puissante qui substi-
tuait la volonté des agents du pouvoir à une réglementation protectrice des intérêts particuliers. Le Conseil d'État
fut chargé de rechercher les réformes à apporter à l'état
de choses dont les inconvénients ne se faisaient que trop
sentir, et le commissaire du gouvernement déclarait, lors
de la discussion de la loi de 1865, que la section des
travaux publics, ayant étudié la matière des associations
syndicales, avait reconnu que la législation était insuffisante et manquait de précision : les instructions en particulier étaient trop longues et duraient plusieurs années,
etc. L'exposé des motifs avait d'ailleurs caractérisé l'œuvre
à accomplir dans les termes suivants : « Le moment est

venu d'aborder cette question par son côté le plus important, c'est-à-dire de simplifier les formalités, d'abréger les
instructions, de donner l'essor à l'esprit d'entreprise et à
l'initiative des intérêts privés. Sans doute, les œuvres
complexes et difficiles que les syndicats ont en vue de
réaliser ne peuvent se passer complètement du concours
de l'État, mais c'est ici l'occasion de répéter que la tutelle
organisée par une centralisation peut-être excessive de la
puissance publique a pour effet de donner aux populations
des habitudes regrettables d'inertie et de timidité qui abou-
tissent souvent à l'impuissance. »

Il semblait donc que la loi du 21 juin 1865, conçue et
votée sous la double influence de la nécessité de venir en
aide à notre agriculture menacée, et de la reconnaissance
des graves inconvénients d'une réglementation insuffisante
et du pouvoir trop arbitraire de l'administration, dût être
le code parfait des associations syndicales ; et pourtant, à
peine fut-elle mise à exécution, que les récriminations re-
commencèrent, et que de nouveaux plans de réforme furent
élaborés. La loi, en effet, présentait dans la pratique de
telles difficultés d'interprétation et d'application que dans
certaines régions, et notamment dans le Midi de la France,
les syndicats furent complètement dépopularisés ; ceux qui
avaient réussi péniblement à se former avant le vote de la loi
virent leur existence menacée par le nouveau régime qui
tendait au contraire à les développer ; et quant à ceux en
cours d'étude, la loi nouvelle eut cet étrange résultat
d'entraver leur naissance : l'obscurité de certaines clauses

dont l'insertion dans les cahiers des charges était obligatoire effrayait les agriculteurs qui, dans la crainte de s'imposer des charges futures dont ils ne pouvaient à l'avance
mesurer l'étendue, préféraient renoncer aux bénéfices qu'ils
savaient pourtant devoir retirer de la constitution de l'Association.

Mais ces inconvénients de la loi, que nous aurons à
déterminer dans le cours de cette étude, n'eûssent peut-
être pas suffi à déterminer une modification de la législation, si depuis quelques années un mouvement n'avait
commencé à se produire, qui devait amener une révolution économique inverse de celle qui s'était accomplie sous
le second Empire, et replacer l'agriculture et l'industrie
françaises sous un régime protectionniste plus étroit
encore qu'autrefois. Et comme les barrières opposées par
un pays à l'importation étrangère entraînent toujours des
mesures de réciprocité dont le législateur ne soupçonne
peut-être pas suffisamment toute la gravité, la France se
vit de nouveau contrainte, pour conserver les débouchés
nécessaires à sa production, d'activer cette production, d'en
augmenter les résultats tout en en diminuant les frais, et
pour remédier à une situation absolument inverse de celle
qui s'était produite en 1866, ce fût encore le groupement
des individualités, la constitution et le développement des
associations syndicales qui parurent le meilleur moyen à
employer.

Le Gouvernement, prenant alors l'initiative des réformes
à apporter à une législation reconnue imparfaite, pro-

voqua, à la date du 6 mai 1876, un avis du conseil d'Etat, à l'examen duquel fût soumis un projet de loi sur les associations syndicales, émanant de l'initiative parlementaire et présenté à l'Assemblée nationale en 1873 ; deux ans plus tard, un décret constituait au ministère des Travaux publics une commission supérieure, composée de représentants des diverses régions, de hauts fonctionnaires et de membres du Parlement, et chargée de rechercher les mesures les plus favorables à l'aménagement et à l'utilisation des eaux, au triple point de vue agricole, industriel et de la salubrité publique ; une partie importante de ces travaux devait être consacrée aux remaniements à apporter à la réglementation et à l'œuvre des associations. Les efforts simultanés du Gouvernement et du Parlement paraissaient donc devoir aboutir au vote d'une loi qui abrogerait la loi de 1865, pour constituer un code nouveau des associations syndicales ; il n'en fut rien, et ce fut une proposition de loi, déposée par deux députés au cours de la session parlementaire de 1877, et qui avait originairement pour simple but d'étendre les bénéfices de la loi de 1865 aux travaux à exécuter dans l'intérieur des villes, qui devint, après plusieurs renvois de chacune des Chambres à l'autre, et après l'adoption d'amendements qui en augmentaient considérablement la portée, la loi du 22 décembre 1888. Le Parlement renonçait à remplacer par une législation nouvelle la loi du 21 juin 1865 ; il se bornait à la compléter, à la modifier sur plusieurs points essentiels par le vote d'un projet de loi qu'il déviait considérablement de

son but primitif ; il renonçait à élever une législation nouvelle dont il avait proclamé l'absolue nécessité, et il finis-
sait par remettre à un règlement d'administration publique
le soin de déterminer les dispositions nécessaires pour
l'exécution de la loi.

Il est vrai que ce règlement devait avoir une portée
considérable ; le conseil d'État, interprétant en effet dans
un sens extrêmement large l'invitation qui lui avait été
adressée par le législateur, dotait bientôt, à la date du
9 mars 1894, les associations syndicales d'un ensemble
nouveau de dispositions habilement conçues, mais dépas-
sant peut-être dans une certaine mesure la délégation qui
lui avait été faite par le Parlement. Ainsi peut-on dire que
ce règlement d'administration publique, qui paraissait
devoir exclusivement déterminer les dispositions nécessaires à l'application de la loi, est devenu l'un des textes
fondamentaux de la réglementation des associations syndicales ; or il ne faut pas oublier qu'il est en somme
l'œuvre de l'administration elle-même, dont les fonctionnaires les plus autorisés siègent à la section des travaux
publics du conseil d'État, et il ne faut pas s'étonner non plus
que cette administration n'ait pu se déterminer à sacrifier
complètement aux idées de décentralisation et d'indépendance de jour en jour plus répandues, et qu'elle n'ait consenti à diminuer le rôle du pouvoir central que pour replacer plus étroitement les associations sous l'autorité et la
tutelle des préfets ; nous aurons l'occasion de rechercher
si ces associations doivent y gagner en prospérité et en

développement, si le règlement de 1894 n'a pas fait plus
que réglementer l'œuvre du législateur, et si l'étendue des
pouvoirs qu'il a reconnus à l'autorité administrative est
bien en conformité avec la pensée qui a inspiré les réformes de la loi du 22 décembre 1888.

Est-il donc bien exact de prétendre, en présence de
l'incertitude de cette législation, que l'œuvre à accomplir
soit terminée, et que le législateur ait donné la mesure de
ce qu'il pouvait faire pour favoriser le développement des
associations syndicales, qui lui paraissait le remède indispensable aux maux dont souffrait notre agriculture? Des
deux lois qui s'appliquent spécialement à ces associations,
la première, celle du 21 juin 1865, a été accueillie dès sa
promulgation par les plaintes et les critiques que nous
avons brièvement relatées; quant à la loi du 22 décembre 1888, ses propres auteurs appréciaient eux-mêmes
dans les termes suivants la valeur de leur œuvre : « Sans
doute — c'est le rapporteur qui parle — cette loi de 1865,
même modifiée, n'est pas parfaite, elle a des lacunes :
nous sommes d'accord sur ce point. Certains membres de
la commission auraient voulu la modifier plus profondé-
ment encore ; il est clair que le rapporteur de la commission, par exemple, y aurait élagué beaucoup ; d'autres au
contraire, y auraient ajouté. Mais en définitive, les travaux qui émanent d'une commission ou d'une assemblée
ne représentent jamais qu'une moyenne ! »

Eh bien, cette moyenne, puisque le rapporteur qualifie
ainsi lui-même le travail auquel il a coopéré, ne répond

peut-être pas absolument à ce qu'on attendait du législateur, et nous ne trouvons pas encore dans la législation
actuelle, et surtout dans le règlement qui l'a complétée,
l'application des principes que M. Aucoc avait si bien défi-
nis en ces termes : « La doctrine qui tend à prévaloir
aujourd'hui, c'est que la société peut et doit pourvoir à la
satisfaction des besoins collectifs qu'éprouvent ses membres,
mais à la condition que l'initiative des individus ou des
associations d'individus ne puisse pas y pourvoir d'une
manière satisfaisante (1). » La même idée est ainsi exprimée et développée par les Pandectes Françaises :
« Lorsque des propriétaires se réunissent et s'associent
dans un intérêt commun à leurs propriétés, il ne saurait
être question de chercher dans cette association les intérêts généraux que l'organisation administrative groupe,
coordonne et dirige au nom et pour le compte de l'État.
Celui-ci intervient pour leur donner l'existence ou plutôt
pour la reconnaître, mais il ne leur imprime pas un caractère officiel, il leur laisse leur constitution particulière et
ne leur impose nullement un mode d'administration ou de
fonctionnement uniforme, comme il le fait pour les établissements publics qui, pour eux, tiennent leur existence
et leurs règles de la loi. S'il exerce un contrôle sur leurs
délibérations et leur budget, c'est afin d'éviter les abus,
mais ce n'est pas dans un intérêt administratif, et pour
assurer la régularité de leurs rapports avec l'État, comme

____

(1) Aucoc. *Conférences sur le droit administratif*, t. II, p. 640.

il le fait, par exemple, pour les communes et sections de communes » (2).

C'est l'application de ces principes aux Associations Syndicales, telle qu'elle a été donnée par la législation actuelle, que nous allons rechercher dans le cours de cette étude ; nous examinerons si, dans cette union des efforts particuliers et de l'État, union dont nous avons reconnu la nécessité, les rôles respectifs des deux parties ont été nettement et justement délimités, si l'État n'intervient que pour assurer aux associations la protection et le contrôle qu'elles doivent légitimement en attendre, et s'il n'a pas étendu son rôle au détriment peut-être de la liberté individuelle et de la propriété.

Ce rôle de l'État, représenté par les diverses autorités administratives, commence dès la naissance même de l'association, pour ne se terminer qu'avec sa dissolution ; nous aurons donc à examiner les différentes phases de l'existence de l'association pour déterminer nettement la part qui appartient, dans chacune de ces phases, à la collectivité directement intéressée à l'œuvre entreprise, et à l'autorité dont l'intervention est prévue par la loi. Nous rechercherons, en premier lieu la nature et le caractère juridique de l'association, sous les diverses formes qu'elle peut présenter ; ensuite quels sont les travaux, utiles à l'aménagement et à l'utilisation des eaux au point de vue agricole, qui peuvent légalement donner lieu à la forma-

(2) Pandectes français. V° *Associations syndicales*, 179.

tion d'associations, et sous quelles conditions; enfin c'est en étudiant la constitution, l'organisation et le mode d'action de ces sociétés que nous constaterons si l'administration se borne en réalité, comme le désirait M. Aucoc, à « inviter les particuliers à se constituer en associations, et prendre des mesures pour faciliter leur action. »

CHAPITRE PREMIER

NATURE ET CARACTÈRES JURIDIQUES DES ASSOCIATIONS
SYNDICALES. PERSONNALITÉ CIVILE ET SES CONSÉQUENCES.

La définition légale de l'association syndicale nous est
donnée par le règlement de 1894, dont les auteurs, fidèles
au rôle que le législateur leur avait tracé, ou qu'ils s'étaient
tracé eux-mêmes, ont voulu définir juridiquement l'association. « L'association syndicale, prévue par les lois des
21 juin 1865 et 22 décembre 1888, est la collectivité des
propriétaires réunis dans les conditions déterminées par
cette loi pour exécuter et entretenir, à frais communs, les
travaux qu'elle énumère. Le syndicat est la réunion des
personnes désignées pour administrer l'association. »

Cette définition, malgré l'intention des auteurs de l'article, n'est pas d'une exactitude juridique incontestable ;
elle néglige absolument d'indiquer que cette collectivité de
propriétaires peut se trouver réunie dans des conditions
absolument différentes, selon qu'elle se forme par la
volonté unanime des intéressés, ou qu'elle est imposée à

la minorité par la majorité, dans les cas que nous aurons
à examiner et dont la liste a été encore accrue par la loi
de 1888. C'est ce pouvoir de la majorité, combiné avec les
droits accordés à l'autorité administrative, qui donne à
l'association syndicale sa physionomie particulière, et qui
fait d'elle autre chose qu'une réunion de propriétaires,
opérée dans les conditions du droit commun ; il y aurait
donc eu quelque avantage à indiquer ce caractère daus une
définition légale de l'association.

Si en effet l'association n'était qu'une réunion de propriétaires, sans caractères spéciaux lui donnant en législation une physionomie absolument particulière, sa nature
n'eût pas été et ne serait pas encore l'objet de discussions
et de dissidences dans la doctrine. L'individualisme ou
l'isolement des intérêts n'est plus de mise aujourd'hui
dans aucune des branches de la production humaine ; la
réunion des efforts communs, la solidarité s'imposent
chaque jour davantage, et l'association est devenue pour
l'homme l'instrument d'action le plus puissant qu'il ait
encore employé, le seul surtout qui permette aux fortunes médiocres de lutter à armes égales contre le capital.
Partout, dans l'industrie, le commerce, la banque, la consommation, elle a pris le rôle prédominant ; nous avons
vu qu'elle était devenue nécessaire même pour la prospérité de l'agriculture, avec qui elle eût semblé autrefois
absolument incompatible. Si, en effet, dans un pays à
fortunes aussi divisées que la France, l'agriculteur a tenu
longtemps à cultiver seul, avec un soin jaloux, le lopin de

terre dont il était si fier d'être le maître, en pensant aux temps anciens où le paysan ne travaillait que pour autrui, le développement de l'instruction en même temps que la nécessité lui ont fait comprendre peu à peu que son isolement était une faiblesse, et que tout en restant seul maître de son bien, il acquerrait une force nouvelle par son union avec d'autres petits propriétaires comme lui. L'association n'est pas née d'une conception originale systématique, elle s'est développée graduellement, et imposée dans la plupart des cas ; la petite propriété rurale, malgré une répugnance instinctive, a dû participer à l'évolution générale, et elle est parvenue ainsi à diminuer les frais d'exploitation qui pesaient plus lourdement sur elle, toutes proportions gardées, que sur la grande culture. Diminution des frais généraux, développement de l'initiative privée, organisation d'entreprises auxquelles il eût été autrefois impossible de songer, voilà les résultats que la petite culture devait ainsi atteindre, et c'est ce qui explique son entrée, d'ailleurs tardive, dans cette voie nouvelle.

Mais si son intérêt bien entendu l'a décidée à recourir librement à l'association syndicale, il n'en existe pas moins encore aujourd'hui, sous le régime des lois de 1865 et de 1888 et du réglement de 1894, comme sous la législation antérieure, des associations formées et dirigées sans le consentement de tous les associés, qu'elles soient dites autorisées ou forcées, et c'est bien là un caractère absolument particulier que le règlement n'eût pas dû manquer d'indiquer. Quand une partie des intéressés résiste à l'idée d'association, ou encore quand l'administration use pour la direction des travaux du droit de coercition dont nous constaterons l'existence, il semble bien à première vue que l'association ainsi formée ou dirigée ne réponde plus guère à son nom d'association, qui semble indiquer exclusivement la réunion volontaire d'individualités dans une pensée commune. Le Gouvernement, en effet, n'exerce plus seulement le pouvoir de décréter des mesures de haute administration et de police dans l'intérêt public, pouvoir qui lui appartient sans conteste sous des formes et des garanties rigoureusement déterminées ; il intervient ici dans la constitution et dans l'organisation de sociétés qui par leur nature même sembleraient devoir rester privées. Mais ce droit exorbitant se **justifie** par l'intérêt public, qui résulte toujours de la réunion des intérêts privés ; la nature des travaux à exécuter exige que **la** majorité des propriétaires puisse contraindre la minorité, avec l'autorisation de l'administration.

Il existe donc d'abord des associations libres et des associations dites autorisées, les premières, formées sans intervention de l'administration, par le consentement unanime de tous les propriétaires devant profiter de l'exécution d'une œuvre d'intérêt collectif ; les secondes, constituées par l'autorisation préfectorale, après accord nécessaire seulement de la majorité des intéressés.

On a remarqué non sans raison que cette division classique des associations avait le tort de laisser planer un certain doute sur leurs caractères distinctifs. Il ne fau-

drait pas croire qu'une association, toutes les fois qu'elle
se forme du consentement de tous les intéressés, est libre,
tandis qu'elle ne serait autorisée que lorsqu'une coercition
s'exercerait de la part de la majorité sur la minorité. Il
n'en est rien, bien entendu ; les propriétaires qui sont tous
d'accord pour se réunir en association la forment librement ou sollicitent l'autorisation administrative, selon le
genre de travaux qu'ils ont à exécuter et les pouvoirs
qu'ils jugent leur être nécessaires ; quand ils ne sont pas
tous d'accord, ils ne peuvent que solliciter la formation
d'une association autorisée. Cet accord ou ce désaccord
des intéressés constitue donc l'élément essentiel de la
distinction ; et c'est pourquoi l'on avait proposé d'employer
l'expression de volontaires, qui aurait désigné à la fois les
associations libres et les associations autorisées formées
du consentement de tous les intéressés, et celle de quasi-
forcées, qui se serait appliquée aux seules associations
autorisées dues au pouvoir de coercition de la majorité.
Cette terminologie rationnelle n'ayant pas prévalu, nous
nous en tiendrons à la division généralement admise, en
constatant seulement sa moindre précision.

Nous devons noter ici aussi qu'on a essayé de prétendre
que la loi du 22 décembre 1888 avait fait disparaître par
prétérition les associations libres, pour ne laisser subsister
que des associations autorisées. Voici comment M. Léon
Clément a soutenu cette opinion au Sénat : d'après lui les
associations libres, aux termes de la loi de 1865, auraient
été exclusivement celles qui faisaient l'objet des derniers

paragraphes de l'art. 1ᵉʳ de cette loi, c'est-à-dire, comme
nous le verrons plus loin, celles qui étaient relatives à de
pures améliorations agricoles. Or, nous constaterons aussi
que la loi de 1888 a étendu le principe de l'association
autorisée à ces derniers paragraphes comme aux premiers;
pour M. Léon Clément, elle aurait par ce fait supprimé la
classe des associations libres. M. Marquis a fait justice de
ce raisonnement en démontrant qu'il résultait d'une erreur
sur le principe même de la réforme organisée par la loi
de 1888; si l'on étendait le principe de l'association autorisée, si l'on admettait, par des motifs que nous aurons à
discuter, la possibilité de la coercition dans des cas où
elle n'existait pas auparavant, on ne faisait pas disparaître
par cela seul les associations libres, et un exemple donné
par M. Marquis le démontre suffisamment : « Imaginez-
vous une société que vous formez en vue de la réalisation
d'une amélioration rentrant dans les prévisions de l'art. 1ᵉʳ.
Cette association remplit les formalités exigées par la loi
de 1865 modifiée par notre projet; elle sollicite l'autorisation et cette autorisation est refusée. Dans ces conditions, si elle veut atteindre le résultat qu'elle avait en vue,
si les propriétaires sont unanimes, elle peut se constituer
en association syndicale libre et elle poursuit sous ce
régime les travaux projetés. Je n'examine pas d'autres
hypothèses (1), mais vous voyez par cet exemple qu'une
association syndicale libre peut, en fait et en droit, se cons-

(1) *Journal Officiel* du 23 novembre 1888. Débats parlementaires.
Sénat, p. 1496.

tituer et fonctionner ». Aucun doute ne peut donc subsister, les associations syndicales sont toujours divisées en deux classes, les libres et les autorisées ; la constitution de ces dernières a seulement été étendue à des cas où elle était interdite avant la loi du 22 décembre 1888.

A côté de ces associations, il existe enfin des syndicats que certains auteurs persistent à désigner sous le nom d'associations forcées, malgré l'antinomie essentielle qui existe entre ces deux mots accouplés. L'art. 26 de la loi du 21 juin 1865 a maintenu à l'autorité administrative le droit qui lui avait été conféré par les lois du 14 floréal an XI et du 16 septembre 1807, d'imposer l'exécution de certains travaux. Un passage de la circulaire ministérielle du 12 août 1865 démontrera pourquoi l'organisation de ces syndicats ne peut prendre place dans cette étude : « La loi nouvelle a eu pour but et aura, on peut l'espérer, pour effet, d'encourager l'initiative individuelle des propriétaires, de provoquer l'esprit d'association et de faciliter ainsi l'exécution des travaux d'amélioration agricole, mais elle n'a pas entendu enlever au gouvernement les pouvoirs dont il est investi par la législation actuelle, à l'effet d'assurer, après que l'utilité en a été régulièrement constatée, l'exécution par les propriétaires intéressés de travaux qui, à raison de leur nature spéciale, touchent directement à la sécurité ou à la salubrité publique. Le gouvernement peut donc prescrire d'office l'exécution de travaux d'endiguement ou de curage, et prononcer la concession d'un déssèchement de marais, en se conformant aux dispositions des lois de 1807 et de l'an XI, mais l'exercice de ce droit exige toujours, sauf pour les curages opérés conformément aux anciens règlements ou aux usages locaux, l'intervention d'un décret délibéré en Conseil d'Etat, et ce n'est qu'en présence d'un intérêt public incontestable que l'administration se déterminera à imposer à des propriétaires l'exécution des travaux dont ils auraient refusé de reconnaitre l'utilité. »

Il ne s'agit donc pas dans cette hypothèse, malgré l'expression employée par certains auteurs, d'associations ; il s'agit seulement du pouvoir attribué au gouvernement de faire exécuter certains travaux de sécurité et de salubrité, pour lesquels il lui est permis de grouper les intéressés afin de leur réclamer le paiement des dépenses à faire. Mais ce groupement n'est qu'une forme de l'action de l'administration ; c'est elle qui détermine les statuts de ce syndicat, c'est elle qui nommera, révoquera ou remplacera les syndics, ainsi que le directeur, c'est elle enfin qui désignera les travaux à exécuter, les dirigera ; elle agira donc seule et ne demandera la contribution des intéressés que pour alléger la charge qu'elle assume. Dans ces conditions, il ne nous appartient pas, dans une étude consacrée à l'œuvre des associations syndicales et au concours que leur prête l'Etat, d'affecter un chapitre à ces syndicats qui ne sont qu'un rouage de l'administration, et qui ne peuvent d'ailleurs être constitués qu'à défaut de la formation d'associations syndicales, comme le dit l'article 26, qui les écarte ainsi lui-même de cette classification.

L'article 73 du règlement de 1894 a encore précisé leur
caractère anormal et subsidiaire en disposant que le
défaut de formation d'association syndicale autorisée,
prévu par l'article 26, résulterait de l'impossibilité de réunir à l'assemblée générale les conditions de majorité voulues; l'autorité administrative est donc contrainte, avant
d'exercer le droit qu'elle tient des lois de l'an XI et
de 1807, de réunir les propriétaires et de tenter de former
une association entre eux.

Cette division des associations syndicales une fois établie, quelle est la nature juridique des associations libres
et des associations autorisées? L'article 3 de la loi du
21 juin 1865, mettant fin à une controverse qui s'était
prolongée tout au moins pour les associations libres,
décide que les unes comme les autres peuvent ester en
justice par leurs syndics, acquérir, vendre, échanger,
transiger, emprunter et hypothéquer; il leur reconnaît
donc le bénéfice de la personnalité civile, dans toute son
étendue. Ce caractère juridique a une importance considérable surtout pour les associations libres qui, ainsi que
le déclarait le ministre dans sa circulaire du 12 août 1865,
ne constituaient jusque là par le fait qu'une simple
société civile dont tous les membres devaient être assi-
gnés individuellement sur les demandes intéressant assi-
sociation, et non collectivement en la personne de leurs
syndics; il importait, ajoute le Ministre, de faire disparaître ces entraves, et de donner un plus libre essor à l'initiative de l'intérêt privé.

Deux ordres de conséquences naissent de ce caractère
de personnalité civile reconnu aux associations syndicales.
Le premier est explicitement indiqué par l'article 3 : les
associations peuvent par elles-mêmes et sans avoir besoin
d'agir au nom de chacun de leurs membres individuellement, accomplir tous les actes de la vie civile, et la jurisprudence leur accorde, conformément à la loi, l'exercice
de ces droits dans les termes les plus larges. Le second
est la contre-partie du premier : la personne morale agissant elle-même en son propre nom, les tiers qui ont traité
avec elle ou qui pour un motif quelconque ont une action
à exercer contre elle ne peuvent agir que contre l'association exclusivement, et non contre ses membres, avec qui
ils n'ont pas contracté ; ils peuvent ainsi se trouver placés
dans une situation très préjudiciable à leurs intérêts au cas
où l'association serait hors d'état d'acquitter ses dettes.
Une seule voie leur est alors ouverte, l'exercice de l'action organisée par l'article 1166 C. C. : mais dans quelle
mesure et dans quels cas?

Tout d'abord en exerçant dans cette hypothèse l'action
de leur débiteur, l'association, ils ne peuvent naturellement
l'exercer que dans la mesure où elle existait elle-même,
c'est-à-dire qu'ils ne peuvent que réclamer à chacun des
associés la contribution dont il était redevable, aux termes
des statuts ou de l'arrêté d'autorisation et des conditions
dans lesquelles il avait donné son adhésion à l'association.
Mais cette action leur appartient-elle même contre toutes
les associations?

D'après M. Picard (1), elle ne leur appartient que contre les associations libres, vis-à-vis desquelles ils peuvent également user, pour le recouvrement de leurs créances, de toutes les voies de droit commun, saisie, opposition, etc.; elle ne leur appartient pas vis-à-vis des associations autorisées. D'après l'éminent auteur, en effet, le caractère administratif de ces associations est un obstacle absolu à l'exercice des voies ordinaires de contrainte; la délégation de puissance publique qui leur est conférée par le législateur, et qui, comme nous le verrons plus loin. donne à leurs travaux le caractère de travaux publics, à leurs deniers le caractère de deniers publics, les soustrait à l'action des voies de droit commun; on ne peut concevoir la saisie d'un immeuble acquis en vertu d'une expropriation après déclaration d'utilité publique, ou de deniers dont le paiement ne peut être effectué que par un comptable relevant de la juridiction de la Cour des Comptes. Les finances de l'association ne proviennent d'ailleurs que des cotisations des associés, perçues au moyen d'un rôle dressé par leur agent administratif; si cet agent refuse de le dresser, il est bien évident que les créanciers ne pourront opérer cette perception à sa place. Quelles garanties auront donc ces créanciers?

Deux sortes de garanties leur appartiennent, dont la première a été organisée à nouveau et complétée par les actes administratifs les plus récents, puisqu'elle a été

____

(1) *Traité des eaux*, t. IV, p. 105.

l'objet des préoccupations du Conseil d'État dans la préparation du règlement du 9 mars 1894, et dont la seconde, applicable seulement à certains créanciers, trouve son origine dans la loi du 22 décembre 1888. La première, qui consiste dans le droit de coercition attribué à l'administration, trouvera sa place naturelle dans l'étude du régime financier de l'association ; la seconde a été réalisée par l'adjonction à l'article 9 de la loi du 21 juin 1865 des paragraphes suivants : « Dans les cas prévus par les nos 6, 7, 8, 9 et 10, aucun travail ne pourra être entrepris que sur l'autorisation du préfet. Cette autorisation ne pourra être donnée qu'après le paiement préalable des indemnités de délaissement et d'expropriation, et que si les membres de l'association syndicale autorisée ont garanti le paiement des travaux, des fournitures et des indemnités pour dommages au moyen de sûretés acceptées par les parties intéressées ou déterminées, en cas de désaccord, par le tribunal civil.

En cas d'insolvabilité de l'association syndicale, les tiers qui ont éprouvé un dommage par suite de l'exécution des travaux ont un recours contre la commune, contre le département ou contre l'État, si la commune, le département ou l'État est intéressé aux travaux ou en a profité. »

Le premier de ces paragraphes, qui a été ajouté par le Sénat, procède dans sa première partie de l'art. 53 de la loi du 3 mai 1841, qui spécifie que les indemnités réglées seront, préalablement à la prise de possession, acquittées entre les mains des ayants droit ; quant à la seconde par-

tie, elle constitue un avertissement donné aux fournisseurs
de réclamer les sûretés que le syndicat n'aurait pas songé
à leur offrir, sous la surveillance du préfet : c'est une réglementation du crédit de l'association, dont l'application paraît d'ailleurs devoir être fort difficile, car le manque de
capital empêchera souvent l'association de donner des
sûretés aux fournisseurs avant la conclusion du marché.
Mais en ce qui concerne les sûretés que les tiers devraient
accepter en garantie de la réparation des dommages qui
pourront leur être causés, nous avouons ne pouvoir comprendre comment on pourra dresser à l'avance une liste
de ces tiers qui pourront avoir des dommages à subir ; et
alors comment pourra-t-on leur faire accepter les sûretés
auxquelles ils ont droit? comment pourra-t-on faire arbitrer par le tribunal civil un désaccord entre deux parties dont
l'une sera le plus souvent inconnue ?

Le second paragraphe a une importance beaucoup plus
considérable, car il crée une responsabilité toute spéciale
de l'Etat, du département ou de la commune, d'ailleurs
dans un cas particulier et subsidiairement à la responsabilité de l'association elle-même. M. Aucoc (1) écrit que cette
responsabilité de l'Etat, du département ou de la commune était déjà reconnue par la jurisprudence, en cas d'insolvabilité d'un concessionnaire de travaux publics ; il importe de remarquer que la situation n'est pas la même ici (2).

(1) *Op. cit.*, t. II, n° 730.
(2) Cf. Picard. *Op. et loco cit.*

Un concessionnaire de travaux publics peut être considéré
à bon droit comme le représéntant de ces personnes
morales, pour le compte de qui il exécute son travail, et
qui ont à s'imputer à tort de l'avoir choisi, s'il manque à
ses engagements ; une association syndicale n'est pas le
représentant d'une administration, bien que cette dernière
influe sur son organisation et sa direction, et le Conseil
d'Etat a eu l'occasion de déclarer, dans une espèce antérieure à la loi de 1888, que la subvention donnée par
l'Etat à une association ne pouvait avoir pour effet de le
rendre responsable des dommages causés par cette association (1). C'est donc une disposition toute nouvelle que
celle qui a été ajoutée à la loi de 1865 par la loi
de 1888.

Cette responsabilité est d'ailleurs subordonnée à l'existence de deux conditions ; il faut que l'État, le département
où la commune soit intéressé ou ait profité des travaux ;
il faut en second lieu que l'insolvabilité de l'association
syndicale ait été dûment constatée. Nous n'avons pas
besoin de faire remarquer combien l'existence de ces conditions sera difficile à apprécier, et à quelles contestations
cette disposition donnera nécessairement lieu ; qu'appel-
lera-t-on pour ces personnes morales avoir profité des travaux ? suffira-t-il d'un bénéfice indirect, tel que la prospérité d'une contrée ? enfin, quand une association peut-
elle être déclarée insolvable ? Sauf le cas où tous les asso-

(1) Conseil d'État, 27 juin 1890. Lebon, p. 627.

ciés seront parvenus à faire déclarer que l'association est
irrégulièrement constituée et qu'ils ne doivent aucune contribution, il sera bien difficile de déterminer si l'association est en état d'insolvabilité ; sa principale richesse se
compose en effet non d'un capital accumulé, mais des produits de taxes payées annuellement par les associés ; il
faudra donc vérifier si ceux-ci sont vraiment hors d'état de
payer à l'avenir les taxes dont ils sont redevables, et cette
vérification donnera vraisemblablement lieu à de graves contestations dans chaque espèce.

Nous n'avons pas tout dit en reconnaissant aux associations la qualité de personnes civiles, et il y a lieu de
rechercher d'une façon plus étroite leur caractère intime ;
quelle est la nature du droit créé par l'adhésion des propriétaires à leur œuvre ? Sont-elles établissements publics
ou établissements d'utilité publique? Mais ces questions si importantes nous paraissent ne pouvoir être élucidées qu'après
une étude complète de leur vie civile, qui seule nous permettra une conception bien nette à leur égard; nous ren-
voyons donc leur examen à la place qui nous paraît équitablement leur convenir.

CHAPITRE DEUXIÈME

TRAVAUX POUVANT DONNER LIEU A LA CONSTITUTION D'ASSOCIATIONS

Une distinction essentielle avait été faite par toutes les législations, avant la loi de 1888, entre les travaux qui présentent une nécessité vraiment sociale, au point de vue de l'intérêt public et de la salubrité, et ceux qui ne répondant pas à une véritable nécessité, ne peuvent être qualifiés que travaux d'amélioration. L'existence d'un danger public exigeant l'exécution des premiers légitimait l'exercice d'une coercition sur les intéressés : le propriétaire englobé dans une association même contre son gré, était considéré comme tenu de se soumettre à la servitude qui pesait de ce chef sur lui ; pour les seconds, il était admis, au contraire, que la loi ne saurait contraindre un propriétaire à entrer dans une association formée pour les exécuter, et exercer ainsi sur lui une pression que l'intérêt public ne saurait justifier. Après avoir examiné les divers genres de travaux qui peuvent donner lieu à la formation d'associations, nous aurons à

rechercher si le législateur de 1888 a maintenu cette distinction qui avait toujours été respectée avant lui.

Au point de vue qui nous occupe, l'aménagement et
l'utilisation des eaux, l'énumération donnée par la loi du
21 juin 1865, qui est presque entièrement consacrée à ce
genre de travaux, a été augmentée par les lois du
4 avril 1882 et du 15 décembre 1888. Deux autres lois
récentes ont étendu l'œuvre des associations à des matières qui ne rentrent pas dans le cadre de cette étude :
nous voulons parler de la loi du 20 août 1881, sur les
chemins ruraux, et de la loi du 22 décembre 1888, dans
ses dispositions tendant à favoriser la formation dans les
villes d'associations destinées à accomplir des travaux
d'amélioration et d'assainissement.

Nous suivrons d'abord l'énumération donnée par la loi
de 1865 :

1º *Travaux de défense contre la mer, les fleuves, les
torrents et les rivières navigables ou non navigables.* —
Il suffira, pour établir toute l'importance de ces travaux,
de remarquer qu'ils ont été les premiers l'objet de la sollicitude du législateur ; la loi du 16 septembre 1807 portait que « lorsqu'il s'agira de construire des digues à la
mer ou contre les rivières, fleuves et torrents navigables
ou non navigables, la nécessité en sera constatée par le
gouvernement, et la dépense supportée par les propriétés
protégées dans la proportion de leur intérêt aux travaux, sauf les cas où le gouvernement croirait utile et

juste d'accorder des secours sur les fonds publics ». Au
moment du vote de la loi de 1865, un amendement avait
bien proposé la suppression du mot torrent, sous prétexte que les riverains en pouvaient être lésés, leur situation n'étant pas la même que celle des propriétaires
voisins des fleuves et rivières ; mais il fut reconnu avec
raison d'abord que les torrents ravageaient fréquemment,
malgré leur faible volume d'eau habituel, des contrées
presque entières, et en outre qu'un intérêt supérieur nécessitait même la lutte contre leur débordement, puisque
le grossissement des fleuves et rivières était dû le plus
souvent à l'appoint subit et simultané des eaux des torrents
de toute une région. En fait, il existait déjà d'ailleurs de
nombreuses associations formées dans ce but, régies par
des textes dont la plupart étaient antérieurs à la Révolution, et continuent à être en vigueur à leur égard, en
vertu du principe de la non-rétroactivité des lois : nous
citerons seulement les décrets du 4 thermidor an XIII et
du 16 octobre 1806, spéciaux aux départements des
Hautes et Basses-Alpes.

*2° Curage, approfondissement, redressement des cours
d'eau non navigables ni flottables et des canaux de dessèchement et d'irrigation.* — Ce deuxième numéro prévoit d'abord le curage, qui est à la fois une des mesures
les plus nécessaires, puisqu'il assure le facile écoulement
des eaux et évite leur pollution, et une de celles qui
peuvent être le plus justement confiées aux associations,

puisque les riverains sont presque seuls à profiter de
l'utilité de ces petits cours d'eau, qui n'appartiennent pas
au domaine public comme les cours d'eau navigables. La
loi du 14 floréal an XI traitait déjà du curage; la loi
de 1865 y a ajouté l'approfondissement, le redressement et
la régularisation, malgré de nombreuses objections présentées à la Chambre des Députés lors du vote de la loi.
On soutenait contre cette extension que l'utilité publique
ne pouvait guère justifier autre chose que le curage, et
que tous autres travaux pourraient être fort préjudiciables
aux propriétés riveraines en modifiant, dans une certaine
mesure, le régime des eaux ; à cette objection il a été répondu que l'on ne pouvait supposer que des associations,
formées comme elles le seraient par les intéressés, entre-
prendraient des travaux onéreux qui ne seraient pas pro-
fitables à la masse des intérêts privés et à l'intérêt
public ; à cet argument dont le tort était peut-être de se
fonder sur une espérance, on a ajouté plus justement que
les droits des riverains seraient sauvegardés par la nécessité d'obtenir, en vertu de la loi de l'an XI, un décret
d'autorisation avant de procéder à des travaux exceptionnels.

Les termes un peu généraux de canaux de desséchement
et d'irrigation ont donné lieu à de nombreuses décisions
d'espèce rendues par le Conseil d'Etat ; nous rapporterons
seulement un arrêt important par le principe qu'il a posé,
décidant que le travail de curage doit intéresser les riverains, et qu'un préfet ne peut, sans excéder ses pouvoirs,

forcer d'une façon permanente un usinier à curer certains fossés, à entretenir les berges et à les exhausser, alors qu'il n'a pas été établi préalablement qu'aucun riverain n'était intéressé à ces travaux (1).

Les cours d'eau navigables, en raison de leur nature même et du texte de la loi de 1865, ne peuvent évidemment donner lieu à la création d'associations syndicales ; toutefois l'article 34 de la loi de 1807 a prévu le cas de **canaux navigables qui** seraient en même temps utilisés comme canaux de desséchement, **et elle** dispose qu'un règlement d'administration publique fixera alors **la part** contributive de l'État et des propriétaires dans les frais de curage ; ces propriétaires, ainsi intéressés au curage, peuvent naturellement se constituer en association.

3° *Desséchement des marais.* — La loi du 25 janvier 1791 avait déjà édicté des mesures importantes quant à ces desséchements, la loi du 16 septembre 1807 avait soumis la propriété des marais à des règles particulières, enfin la loi du 21 juillet 1860 concernait particulièrement les marais communaux ; mais toute cette législation ne prévoyait pas la création d'associations ; sous l'empire de la loi de 1807, les propriétaires mêmes qui se trouvaient d'accord ne pouvaient y recourir et jouissaient du seul droit d'obtenir la concession du desséchement, s'ils se

---

(1) Conseil d'État, 24 février 1865. Lebon, p. 237. — 13 juillet 1883. Lebon, p. 655.

soumettaient à l'effectuer dans les délais qui leur étaient impartis et conformément aux plans adoptés par le gouvernement. A ces propriétaires la loi de 1865 a conféré la faculté de se réunir en association pour opérer eux-mêmes le desséchement; la loi du 21 juillet 1860, aux termes de laquelle les travaux sont exécutés aux frais de la commune, après qu'un décret a déclaré l'utilité publique des travaux et réglé leur exécution, ne pourra donc être mise en application, conformément aux principes généraux que nous avons déjà exposés, qu'à défaut par les intéressés de s'être réunis en associations syndicales pour accomplir les travaux nécessaires.

Il importe aussi de remarquer qu'il ne faut pas confondre les marais, qui sont les terres abreuvées d'eau dormante et sans écoulement, avec les terres seulement humides et insalubres. Les arrêts du Conseil d'Etat ont établi nettement la distinction entre les travaux qui peuvent être opérés sur ces deux sortes de propriétés, en déclarant que les propriétaires de terres humides et insalubres, constitués d'office en syndicat forcé, ne peuvent demander l'accomplissement des formalités protectrices du droit de propriété prescrites par la loi de 1807 en matière de desséchement des marais (1).

4° Étiers et ouvrages nécessaires à l'exploitation des marais salants. — Ces travaux ont été introduits dans la

____

(1) Notamment l'arrêt du 29 juillet 1868. Lebon, p. 810.

nomenclature de la loi de 1865 à la demande de la commission ; le passage du rapport qui leur est relatif établit
nettement leur utilité, ainsi que la législation qui leur était
applicable : « La loi du 17 juin 1840, complétée par
l'Ordonnance réglementaire du 26 juin 1841, forme
aujourd'hui le code de la législation sur l'extraction, la
fabrication et la circulation du sel. Mais les marais salants,
notamment dans l'Ouest, sont généralement divisés entre
un assez grand nombre de propriétaires, dont les intérêts
sont étroitement liés par la nature même des travaux ou
des opérations nécessaires pour assurer tant la conservation de l'ensemble de la propriété que la fabrication du sel.
Ainsi chaque saline est accompagnée d'un canal principal,
nommé étier, destiné à y introduire les eaux de la mer,
et aussi de canaux et de fossés extérieurs pour la circulation de ces eaux, et de bassins pour leur faire subir une
première réduction par l'évaporation, avant de les recevoir dans les compartiments destinés à recueillir définitivement le sel. Or les canaux et les bassins forment des
propriétés spéciales, communes à tous les intéressés, dont
la conservation et l'entretien doivent peser sur chacun
d'eux, dans la proportion de son intérêt. On conçoit que
dans un tel état de choses, la saline ne puisse remplir
réellement sa destination qu'autant que les intéressés,
agissant de concert, pourvoient régulièrement à l'entretien
des étiers et autres ouvrages, tels que canaux, fossés,
bassins, digues. L'association doit produire d'heureux
effets en donnant de l'unité et de la suite à l'exécution,

à la conservation et à l'entretien de ces travaux, à l'effet
d'augmenter la production du sel, si universellement
répandu dans la consommation et si précieux pour l'agriculture. »

5° Assainissement des terres humides et insalubres. —
Nous venons de voir quelle différence devait être faite entre
ces terres et les marais. Il s'agit ici de ces terrains que
l'on désigne dans certaines régions sous le nom de « terres
mouillées », où les eaux ne forment pas de véritables bassins, mais séjournent néanmoins à l'état perpétuel, et
constituent ainsi une cause d'infertilité et souvent d'insalubrité. Leur stagnation n'est due dans la plupart des cas
qu'à la présence d'obstacles naturels qui entravent leur
écoulement, et l'humidité ainsi produite peut être facilement vaincue par l'exécution de travaux peu considérables, tels que l'ouverture ou l'agrandissement de rigoles
de déversement ; aussi ces travaux font-ils partie de ceux
qui peuvent être imposés par l'autorité administrative en
vertu de la loi de 1807.

6° et 7°. — Sous ces deux numéros, la loi du 22 décembre 1888 a ajouté à la loi de 1865 « l'assainissement
dans les villes et faubourgs, bourgs, villages et hameaux,
l'ouverture, l'élargissement, le prolongement et le pavage
des voies publiques, et toute autre amélioration ayant un
caractère d'intérêt public dans les villes et faubourgs,
bourgs, villages et hameaux. » Ces travaux étant essen-

tiellement urbains, et n'ayant trait en aucune façon aux intérêts de l'agriculture, nous n'avons pas, comme nous l'avons déjà dit, à entrer dans l'examen des questions délicates que soulève leur exécution.

8° *Travaux d'irrigation et de colmatage.* — L'irrigation est trop connue aujourd'hui et trop pratiquée pour demander même de courtes explications ; c'est son utilité, son absolue nécessité même qui déterminent la formation d'associations dans la plupart des cas, et les autres travaux prévus par les lois ont dû en grande partie la protection dont ils jouissent aujourd'hui à la faveur accordée au développement de l'irrigation par le législateur. Quant au colmatage, dont l'usage nous est venu de l'Italie, et particulièrement de la Toscane, il consiste dans l'exhaussement d'un bas-fond habituellement immergé au moyen de terres enlevées à d'autres points, et que l'eau se charge de déposer elle-même à l'endroit voulu. Des terrains autrefois sans valeur aucune et parfois insalubres se trouvent ainsi rendus à la culture ; si l'irrigation a pour effet de développer la production à la surface d'un terrain autrefois inculte, on peut dire que le colmatage a pour effet de fournir un terrain de culture nouveau, qui était autrefois immergé sous les eaux et ne produisait aucun revenu pour son propriétaire. Le colmatage est loin d'ailleurs d'avoir pris le développement de l'irrigation ; on cite pourtant un projet de loi ayant pour objet de concéder à une société une prise d'eau dans la Durance, afin de colmater 20.000 hectares de

terres incultes faisant partie de la Crau, projet de loi qui
prévoyait la création d'associations syndicales. Depuis 1881,
il ne semble pas d'ailleurs que l'œuvre poursuivie ait
donné de fort heureux résultats.

9° *Travaux de drainage.* — Le drainage a pour but
l'assèchement d'un fonds naturellement imprégné d'une
trop grande quantité d'eau. Mais cette définition a le tort
de ne pas suffisamment différencier le drainage de l'assainissement d'une part, et du desséchement de l'autre. Ces
diverses opérations se rapprochent en effet par ce point
commun, que toutes tendent à faire écouler les eaux qui
se trouvent en excédent sur un terrain. Avec l'assainissement pourtant, la ligne de démarcation est plus aisée à
tracer, en s'attachant aux conséquences de l'humidité des
fonds qu'il est nécessaire d'assécher ; si cette humidité
n'est qu'une cause de stérilité, l'opération à effectuer est
une opération de drainage ; si elle est une cause, non seulement de stérilité, mais encore d'insalubrité, il est évident
que le but poursuivi est l'assainissement.

Quant à la différence qui sépare le drainage du desséchement, nous ne saurions mieux la caractériser qu'en
reproduisant l'explication qui en a été donnée par
M. Rouher, vice-président du Conseil d'État, dans la discussion de la loi du 10 juin 1854 : « La loi de 1807 avait
envisagé la question du desséchement au point de vue de
l'intérêt général, et tout dans son organisation répondait
à cette pensée. Il s'agissait effectivement de marais, c'est-

à-dire d'un intérêt qui engageait la salubrité publique; aussi fut-il décidé, malgré l'inviolabilité du droit de propriété, que le Gouvernement pourrait intervenir et faire procéder à l'exécution des travaux d'assainissement, et même déléguer son droit à des concessionnaires. Le but que s'est proposé la loi de 1854, c'est l'amélioration des fonds dans un intérêt privé, et en créant une sujétion de la propriété particulière au profit de la propriété particulière; elle prévoit en même temps que cet intérêt peut devenir collectif, et elle y pourvoit, mais sans interdire le recours aux moyens que fournit l'ancienne législation. Il se peut que l'intérêt privé, auquel on a voulu donner satisfaction, se développe sur une certaine échelle : alors des associations peuvent être autorisées et réunir un caractère syndical. Si l'intérêt grandit encore et prend les proportions d'un intérêt communal et départemental, on peut invoquer la législation de 1807. Ainsi donc tout se réconcilie, tout peut concourir sans qu'il y ait de confusion, et on est forcé de convenir que les deux législations demeurent debout, que ce sont deux sœurs qui marchent parallèlement sans se heurter et même par un emprunt d'existence mutuelle. »

10° *Chemins d'exploitation et toute autre amélioration agricole d'intérêt collectif.* — L'intérêt de ce numéro réside à notre point de vue, non dans la référence aux chemins d'exploitation, par opposition aux chemins ruraux, qui paraissaient à cette époque ne pouvoir faire l'objet d'as-

sociations, comme soumis aux droits de police et d'administration du pouvoir municipal — cette matière étant hors
du cadre de notre étude — mais dans les mots « toute
autre amélioration agricole d'intérêt collectif » qui constituent une vague formule employée à dessein par le législateur, d'après la circulaire ministérielle du 12 août 1865,
pour permettre l'exécution, sous cette forme, de « tous les
travaux utiles à l'agriculture, tels que fixation de dunes,
construction de ponts, ensemencement de landes, qui par
nature peuvent exiger le concours de plusieurs propriétaires. » On a critiqué le libéralisme de cette formule et
de l'interprétation qu'en donnait la circulaire ministérielle ;
il n'en est pas moins certain qu'il était impossible de pre-
voir dans le texte de la loi tous les travaux qui pouvaient
être utilement exécutés par une association syndicale, et
qu'une formule ou une interprétation étroite aurait mis
obstacle aux meilleurs effets de l'œuvre accompli. Nous
nous rallions donc entièrement à la doctrine d'un arrêt de
la Cour de Chambéry, qui a donné une solution absolument conforme à l'intention du législateur ainsi comprise,
en considérant comme formée dans les termes de la loi de
1865 une association syndicale ayant pour but d'exécuter
dans une commune, dont l'agriculture est la principale industrie, les travaux destinés à augmenter le volume, ou
à rendre plus facile la distribution des eaux pour l'arrosage ou pour les besoins des bestiaux (1).

(1) Chambéry, 7 novembre 1888. La Loi du 6 décembre 1888.

Passons aux lois postérieures qui ont prévu la création d'associations syndicales pour des objets spéciaux compris dans les limites de notre sujet.

La loi du 4 avril 1882, comblant les lacunes des lois de 1860 et 1864, relatives au reboisement et au gazonnement des montagnes, a autorisé, par son article 4, la formation d'associations syndicales destinées à exécuter les travaux reconnus nécessaires aux lieu et place de l'administration elle-même. C'était une solution habile pour pallier dans certains cas aux difficultés d'application de čes lois qui contraignaient les habitants à laisser exécuter sur leur territoire des travaux indispensables à la sécurité de leur région, mais dont ils ne comprennent pas toujours l'utilité ; ils craignent la complète substitution de la forêt au pâturage qui nourrit leurs bestiaux et éprouvent surtout une répugnance particulière à voir l'État pénétrer chez eux et exécuter des travaux que leurs misérables res-sources ne leurs permettraient pourtant pas d'accomplir ; l'association devra leur fournir les moyens d'accomplir eux-mêmes cette tâche indispensable, et le législateur a espéré que l'échange de vues qui résulterait de leur réunion leur ferait peut-être mieux apercevoir leur propre intérêt.

La loi du 15 décembre 1888 est venue donner la sanction nécessaire à la loi du 2 août 1879, votée à l'époque où le phylloxera exerçait ses ravages dans la plus grande partie de la France, et qui avait eu pour but d'encourager les propriétaires à lutter plus énergiquement, en unissant leurs forces, contre ce fléau, soit par les divers procédés

chimiques connus, soit par la submersion des vignes pendant l'hiver. Les associations ainsi fondées étaient régies
par la loi de 1865, et avaient obtenu parfois des résultats
assez favorables; mais dans beaucoup de régions contaminées il n'avait pu s'en créer, parce que la loi n'autorisait
aucune coercition, et qu'il suffisait du refus d'un propriétaire, rebelle aux remèdes nouveaux ou à une entente
avec ses voisins, pour empêcher les autres propriétaires
de former une association, ou s'ils la formaient néanmoins,
pour les empêcher d'en tirer le profit attendu; à quoi
bon, en effet, détruire à grands frais l'insecte sur leurs
terres s'il devait continuer à vivre sur une parcelle isolée
d'où il se répandrait certainement de nouveau sur
toute la contrée? La loi du 15 décembre 1888 a répondu
aux doléances des propriétaires en apportant les réformes
nécessaires à cette législation ; les procédés employés pour
lutter contre le phylloxera et les syndicats antérieurement
créés ne subirent aucune modification, mais comme le
déclara le rapporteur au Sénat, un nouveau moyen de
défense fut pourtant donné aux départements menacés :
les opposants ne purent désormais résister à l'action d'une
majorité que la loi, sagement d'ailleurs, exigea considérable. Il est à remarquer, en outre, que par une disposition absolument spéciale à cette loi, ces associations ne
purent être constituées que pour une durée de cinq années,
sauf renouvellement, s'il y avait lieu, pour une durée
égale. Leur but étant en effet de lutter contre une maladie
que l'on peut espérer voir disparaître dans un court délai,

il aurait été inutile et le plus souvent contraire au vœu
des contractants d'autoriser leur constitution pour une
plus longue durée.

A quelles sortes d'associations peuvent donner lieu les
divers travaux dont nous venons de donner la rapide
énumération? Faut-il encore distinguer comme sous l'empire de la loi du 21 juin 1865, ceux qui ne peuvent donner
lieu qu'à une association libre, exigeant le consentement
unanime de tous les intéressés, et ceux au contraire dont
le caractère d'utilité publique permet d'imposer l'exécution à la minorité des intéressés? C'est sur ce point que la
législation générale des associations a fait un pas considérable en avant, suivant l'exemple qui venait de lui être
donné par la loi spéciale du 15 décembre 1888 : l'art. 9
de la loi de 1865, après de longues discussions tant à la
Chambre qu'au Sénat, a été modifié par la loi du 22 décembre 1888 dans le sens d'une extension considérable de la
faculté de coercition accordée à la majorité sur la minorité.

La loi de 1865 avait établi une distinction très simple,
que nous avons déjà exposée dans ses grandes lignes; les
travaux compris dans les cinq premiers numéros de l'article 1er étaient considérés comme d'utilité publique et pouvaient donner lieu, soit sur la demande des intéressés,
soit sur l'initiative du préfet, à une association autorisée
par arrêté préfectoral ; les travaux énumérés aux numéros
suivants étaient considérés comme ne répondant qu'à un
but d'amélioration et ne pouvaient donner lieu qu'à la cons-

titution d'une association libre. Cette distinction, la
Chambre des Députés l'avait conservée, mais en étendant
l'association syndicale autorisée aux travaux placés sous
le numéro 6 du projet, c'est-à-dire aux travaux d'assainissement dans les villes et faubourgs, bourgs, villages et
hameaux, et en créant en outre une catégorie spéciale,
dans laquelle elle rangeait les travaux des numéros 7 et 8,
travaux d'amélioration urbaine, travaux d'irrigation et de
colmatage, pour lesquels elle admettait la formation d'une
association autorisée, mais seulement lorsque l'amélioration proposée présentait en même temps un caractère
général d'utilité, soit pour l'hygiène publique, soit pour la
défense de la propriété ; quant aux autres travaux, ils continuaient à ne pouvoir être l'objet que d'associations
libres. En conservant cette distinction, l'intention de la
Chambre avait été de se conformer à un avis émis par le
Conseil d'Etat, le 6 mai 1876, sur une proposition de
modification à la loi de 1865 présentée par M. de Ventavon ; le Conseil d'Etat avait fait observer que pour continuer à se conformer à l'esprit général de cette loi, il était
indispensable de n'étendre la faculté de constituer une
association autorisée que pour certains travaux, tels que
l'irrigation et le drainage, et seulement lorsque le Conseil
aurait déclaré après enquête que les travaux projetés
présentaient un intérêt de défense pour la propriété ou de
préservation pour l'hygiène publique. Mais lorsque le projet ainsi voté par la Chambre vint en discussion en Sénat,
on remarqua qu'il n'avait pas tenu compte, dans une

mesure essentielle, de l'avis du Conseil d'Etat auquel il prétendait se conformer : il reconnaissait bien la nécessité du caractère d'utilité publique pour les travaux compris aux numéros 7 et 8, mais il négligeait de donner à ce principe sa sanction nécessaire en attribuant au Conseil d'Etat le soin de déterminer ce caractère d'utilité publique. Le Sénat répara cet oubli, mais en même temps il lui parut rationnel, en présence d'une garantie aussi sérieuse donnée aux intérêts privés, d'étendre le bénéfice de l'association autorisée sous cette réserve à tous les numéros de l'article premier. Du moment que l'on reconnaissait au Conseil d'Etat le pouvoir souverain de décider si certains travaux d'amélioration présentaient un caractère d'utilité publique, il était assez singulier, sembla-t-il, de limiter l'exercice de ce pouvoir à une certaine catégorie de travaux, et de faire décréter par la loi que seuls les travaux urbains ou d'irrigation pourraient être reconnus par le Conseil comme présentant ce caractère, tandis qu'il n'en pourrait jamais être ainsi pour les travaux de toute sorte compris sous la rubrique si large du numéro 10.

Ainsi donc, aujourd'hui tous les travaux prévus par la loi du 21 juin 1865, modifiée par la loi du 22 décembre 1888, peuvent donner lieu à la formation d'associations autorisées ; mais cette extension, qui paraissait à certains contraire à la liberté même de la propriété individuelle, est tempérée dans une large mesure par la nécessité de la déclaration d'utilité publique prononcée par décret, sur avis conforme du Conseil d'Etat, pour ceux de ces travaux

qui ne présentant par leur nature même qu'un caractère
d'amélioration, peuvent voir justifier leur utilité pour
l'intérêt public par certaines circonstances de faits. Des
réserves peuvent être faites sur le principe même de
l'extension à toutes les catégories de travaux de la forme
de l'association autorisée; mais il faut bien reconnaître
que, le principe une fois admis, la protection des intérêts
privés ne pouvait être mieux assurée que par la consulta-
tion préalable du Conseil d'État, telle que l'a établie
l'article 3 § 2 de la loi du 22 décembre 1888.

CHAPITRE TROISIÈME

CONSTITUTION DES ASSOCIATIONS

La recherche des règles et des formalités applicables à la constitution des associations va nous donner de suite la mesure de l'intervention de l'État dans celui des actes que l'on pourrait appeler le plus important de la vie civile des associations, puisque c'est de leur naissance même qu'il s'agit ; l'autorité administrative devant, conformément aux principes que nous avons exposés, étendre son contrôle en même temps que sa protection sur la vie de ces associations, ne pouvait manquer de veiller avec un soin jaloux sur leur formation, et d'édicter les mesures nécessaires pour les placer dès le début sous sa surveillance.

I. — Associations libres.

Acte d'association. Consentement des associés. Publicité.

Les associations libres, sur ce point comme sur les autres, ne nous arrêteront pas bien longtemps, à cause de leur liberté même qui les soustrait au contrôle de l'administration ; nous aurons pourtant ici à exposer les règles que l'État leur a imposées, pour garantir les intérêts des tiers et des associés eux-mêmes.

Les associations libres, aux termes de l'article 5 de la loi de 1865, se forment sans l'intervention de l'administration, et par le consentement unanime de tous les intéressés, constaté par écrit. Ici donc, aucune intervention de l'administration ; le soin d'apprécier l'utilité des travaux est confié d'une façon absolue aux propriétaires intéressés qui se réunissent de leur propre initiative pour étudier ces travaux et constituer l'association, au cas où elle réunira leurs consentements unanimes. Il faut d'ailleurs remarquer, car ce point a souvent été contesté et a donné lieu à de fréquents recours contre la constitution de l'association, que la loi exige simplement le consentement unanime des « associés », et non de tous les propriétaires qui pourraient par la situation de leurs propriétés être intéressés aux travaux à exécuter. Ce que la loi a voulu, c'est qu'aucun propriétaire ne puisse être compris malgré lui dans l'association, et contraint de céder sa propriété pour échapper à la nécessité d'exécuter les travaux projetés : mais il ne suit pas de là qu'un propriétaire, par cela seul qu'il possède un terrain qui lui donne un intérêt à la constitution de l'association, puisse par son seul refus d'y participer, entraver l'action des autres propriétaires ; il restera simplement libre de ne pas apporter son concours, et de soustraire sa propriété à l'exécution des travaux.

Le consentement de tous les associés doit être donné
par écrit, et il résulte de la formule impérative de la loi
que cet écrit est absolument nécessaire à la validité de
l'association : il est exigé non-seulement *ad probationem*,
mais *ad solemnitatem*. Le règlement de 1894 est venu
confirmer encore cette règle certaine, en donnant le moyen
de constater le consentement des **intéressés** absents au
moment de la rédaction de l'acte ; il exige **un acte** spécial
authentique ou sous seings privés, dont l'original **restera**
annexé à l'acte d'association. Quant à cet acte lui-même, il
peut être rédigé soit sous-seings privés, soit sous la forme
d'acte notarié, mais cette dernière forme sera indispensable pour la plupart des travaux agricoles, car il suffit
qu'un seul des intéressés ne sache pas signer pour néces-
siter le concours d'un notaire qui constatera authentique-
ment le consentement de cet intéressé ; il existe bien dans
la loi du 20 août 1881 sur les chemins ruraux une disposition spéciale qui confère au maire le droit de constater
le consentement des associés même illettrés, mais cette
disposition, étant dérogatoire au droit commun, ne saurait
de l'avis général des auteurs être étendue aux associations
autres que celles qui sont prévues par cette loi.

Lorsque l'acte est dressé sous seings privés, la question s'est posée de savoir s'il devait être dressé en un
seul original ou selon la règle générale en autant d'originaux qu'il existe d'associés. La Cour de Chambéry a sanctionné le système qui n'exige qu'un seul original, par ce
motif que les associés devaient être considérés aux

termes de l'art. 1325 C. C. comme faisant une seule et
même personne (1). M. Gain (2) exige au contraire, en
s'appuyant sur le même article, qu'il existe autant d'originaux que de parties contractantes ; nous constaterons
seulement que dans la pratique, la nécessité de dresser autant d'originaux serait dans la plupart des cas une
source de difficultés et de dépenses incompatibles avec la
situation financière des associations, et qu'une telle obligation, si elle existait, aurait certainement été rappelée
par le règlement de 1894.

« L'acte d'association, dit l'article 5 de la loi de 1865,
spécifie le but de l'entreprise ; il règle le mode d'administration de la Société et fixe les limites du mandat
confié aux administrateurs et syndics ; il détermine les
voies et moyens nécessaires pour subvenir au paiement
de la dépense, ainsi que le mode de recouvrement des cotisations ». Rien à dire de ces prescriptions, qui ont pour
but de déterminer à l'avance les conditions dans lesquelles l'association sera administrée, et dont M. Aucoc
fait avec raison remarquer toute l'importance. On a fait
remarquer aussi que cet article avait négligé, tout en
mentionnant parmi les formalités à prévoir dans l'acte les
limites du mandat à confier aux syndics, d'y faire figurer
le mode applicable à l'élection de ces syndics ; les associations libres auraient tort, malgré le silence de la loi, de

____

(1) Chambéry, 7 novembre 1888. La Loi du 6 décembre 1888.
(2) *Traité des Associations syndicales*, § 164.

ne pas fixer à l'avance les conditions de cette élection,
qui pourrait, faute de cette précaution, devenir la cause
de graves contestations.

Le règlement de 1894 a réparé une autre omission de la
loi, en exigeant que l'acte d'association soit accompagné
du plan périmétral des immeubles syndiqués et d'une déclaration de chaque adhérent spécifiant les désignations
cadastrales ainsi que la contenance des immeubles pour
lesquels il s'engage. Une dépense supplémentaire est ainsi
imposée aux intéressés, mais elle aura pour effet d'éviter
des contestations qui compromettraient davantage les
finances de l'association. Le Conseil d'État avait jugé en
effet sous l'empire de la loi de 1865, que l'engagement du
souscripteur se déterminait irrévocablement au moment
de la constitution de l'association, et que le souscripteur
n'était en droit, ni de se retirer personnellement de l'association, ni même de retrancher certaines parcelles des terrains compris dans sa souscription (1). Il était donc fort
important de déterminer avec exactitude dans l'acte d'association quels étaient les propriétaires syndiqués et pour
quelle partie de leurs immeubles ils avaient entendu s'engager.

Des formalités spéciales ont enfin été édictées par la loi
de 1865, comme par la loi du 3 mai 1841 en matière
d'expropriation, pour l'adhésion des incapables à une
association syndicale ; nous reproduisons simplement

____

(1) Conseil d'État, 22 juillet 1881. Lebon, p. 725.

l'article 4 qui se justifie de lui-même par la nécessité d'éviter les frais et les lenteurs forcément préjudiciables à la constitution de l'association : « L'adhésion à l'association, dit cet article, est valablement donnée par les tuteurs, par les envoyés en possession provisoire et par tout représentant légal pour les biens des mineurs, des interdits, des absents ou autres incapables après autorisation du tribunal de la situation des biens, donnée sur simple requête en la Chambre du conseil, le ministère public entendu. Cette disposition est applicable aux immeubles dotaux et aux majorats. » Le tribunal compétent est donc celui de la situation des biens ; il y aura en effet une question d'appréciation au sujet de l'utilité des travaux que le tribunal du domicile serait parfois dans l'impossibilité matérielle de trancher.

L'article 4 ne reproduit pas les dispositions de l'art. 13 de la loi de 1841, qui confèrent aux préfets le droit d'aliéner les biens des départements, après délibération du Conseil général, aux maires le droit d'aliéner les biens des communes ou établissements publics, après délibération du Conseil municipal ou du Conseil d'administration, au ministre des finances enfin le droit d'aliéner les biens de l'Etat. On s'est demandé en conséquence si cette omission était intentionnelle, ou si cette faculté était sous-entendue dans l'article 4. Les opinions sont divisées; pour les uns, l'article 4 ne peut s'appliquer sans texte à ces personnes morales, qui sont placées sous le régime de l'autorisation administrative accordée dans chaque espèce suivant les lois de la matière (1) ; pour les autres, au contraire, les mots « et autres incapables » de l'article 4 désignent à n'en pouvoir douter ces personnes morales (2). Ajoutons un fait qui n'est pas de nature à clore la controverse ; dans le projet de loi voté par la Chambre des députés le 4 février 1886, l'article 4 était complété de la façon suivante : « Pourront adhérer à une association syndicale les préfets pour les biens des départements, s'ils y sont autorisés par délibération du Conseil général, les maires ou administrateurs pour les biens des communes ou établissements publics, s'ils y sont autorisés par délibération du Conseil municipal ou du Conseil d'administration, le Président de la République pour les biens de l'Etat par décret pris en Conseil des ministres. » Or, dans la loi de 1888 et dans le règlement de 1894, cette disposition n'a pas été insérée, sans que les travaux préparatoires révèlent suffisamment les motifs de sa disparition ; le Parlement a-t-il refusé de l'insérer dans la loi, comme contraire aux règles de la matière, ou au contraire cette insertion a-t-elle paru inutile, l'article 4 étant snffisamment explicite et comprenant sans aucun doute ces personnes morales sous la rubrique générale d' « autres incapables » ?

L'acte d'association une fois dressé, il était de la plus grande utilité de le porter, aussi complètement que possible, à la connaissance des tiers ; la loi devait veiller en effet,

(1) Duvergier, 1865, p. 297, n° 1.
(2) *Journal de Procédure.* Bioche, 1866, p. 225.

tout en facilitant la tâche entreprise par les associés, à ce
que la servitude nouvelle qu'ils imposaient à leurs propriétés fût connue de tous et ne pût être cachée aux tiers
qui traiteraient avec l'un de ces propriétaires. Le règlement de 1894 a complété à cet égard la loi de 1865, et
nous semble avoir mis fin à une controverse qui existait
auparavant sur l'étendue et la forme à donner à cette publicité. L'origine de cette controverse était dans la formule
trop laconique de l'article 6, qui ordonnait simplement la
publication, dans certaines conditions, d'un extrait de
l'acte d'association, sans indiquer en aucune façon ce que
cet extrait devait contenir. Or, disait M. Aucoc (1), il faut
que les tiers qui auront à contracter individuellement avec
les membres de la société, sachent quels sont les propriétaires engagés dans la société et quelles sont les charges
qu'ils ont assumées et qui doivent peser sur leurs immeubles (2). Et en conséquence il exigeait la publication
d'un extrait qui contînt au moins la désignation des propriétés englobées dans le syndicat, pour que les tiers, en
apprenant l'existence de l'association, fussent en même
temps renseignés exactement sur les propriétés qui, suivant l'expression de M. Aucoc, seraient frappées de charges
nouvelles. A cette argumentation on répondait (3) que tout

(1) *Op. cit.*, § 880.

(2) Nous rappelons que, pour les motifs énoncés *suprà*, nous avons
réservé la question de réalité ou de personnalité du droit créé par la
formation d'une association syndicale.

(3) Gain. *Op. cit.*, § 169.

en reconnaissant l'importance de cette publicité et l'intérêt existant pour le public à connaître l'existence de la
propriété syndicale, il semblait que la loi n'avait pas
entendu mettre les tiers à même de connaitre les charges
qui pèseraient sur les immeubles des associés, et cela
parce qu'elle n'avait pas obligé l'association à comprendre
dans l'extrait, non seulement les noms de tous les souscripteurs, mais encore la désignation des parcelles comprises dans le périmètre.

Or l'article 4 du règlement de 1894 exige aujourd'hui
que « l'extrait de l'acte d'association, publié dans un journal conformément à l'article 6 de la loi, indique le but de
l'entreprise, le mode d'administration de la société, l'étendue des pouvoirs conférés au syndicat et les clauses essentielles de l'acte », et M. Gain lui-même reconnaît que
« le but de l'entreprise signifie la désignation des travaux
à entreprendre et à entretenir, avec bien entendu la déclaration succincte de la contenance totale des immeubles
engagés, de la partie du territoire communal qu'ils occupent, et des sections correspondantes du plan cadastral.
Il est inutile de mettre les noms des propriétaires intéressés, puisque les tiers trouveront ces noms en consultant le
cadastre » (1). La question ne paraît donc plus douteuse
aujourd'hui; les tiers doivent pouvoir connaître non seulement la formation de l'association, mais encore les terrains qui y sont englobés, et l'extrait qui ne contiendrait

____

(1) Commentaire du règlement du 9 mars 1894, § 65.

pas ces indications ne saurait donner à l'association une publicité suffisante et légale.

Quant aux formes de la publicité, elles ont été empruntées par la loi de 1865 à la législation commerciale. « Un extrait de l'acte d'association, dit l'article 6, devra, dans le délai d'un mois à partir de sa date, être publié dans le journal d'annonces légales de l'arrondissement, ou s'il n'en existe aucun, dans l'un des journaux du département. Il sera en outre transmis au Préfet et inséré dans le recueil des actes de la Préfecture. » Le règlement de 1894 a exigé une preuve certaine de cette publication, en ordonnant la remise par l'imprimeur de deux exemplaires du journal certifiés par lui.

Les conséquences du défaut prouvé de publicité sont extrêmement graves, puisque l'association sera privée dans ce cas de la personnalité civile. Il faut ajouter de suite, et cette remarque vient à l'appui de l'intention que nous avons prêtée au législateur de protéger dans une large mesure les droits des tiers, que la nullité résultant du défaut de publicité peut évidemment être opposée par ces tiers aux associés, mais non par les associés aux tiers ; il eût été choquant de voir les membres de l'association profiter d'une faute par eux commise (1). L'article 7, qui institue cette déchéance, prête d'ailleurs à plusieurs difficultés

____

(1) Il semble bien également que les associés ne puissent s'opposer la nullité entre eux ; il s'agit d'une formalité protectrice instituée exclusivement dans l'intérêt des tiers.

d'interprétation, que le règlement de 1894 n'a pas résolues ; c'est ainsi qu'on s'est demandé si la loi entendait exiger la publication de l'acte au moment même de la constitution de l'association, et si la nullité était opposable au cas où cette formalité aurait été accomplie postérieurement. Il semble que cette publication ayant pour conséquence l'incapacité absolue de l'association, on ne puisse considérer comme valable une publication postérieure à la constitution, puisqu'il faudrait toujours admettre que l'association aurait été incapable dans le temps qui s'est écoulé entre la constitution et la publication, et qu'il ne saurait dépendre des associés de remettre ainsi à une date indéterminée le début de leur capacité collective.

Enfin une lacune grave a été signalée : la publicité n'est exigée que pour l'acte constitutif de l'association ; la loi ne l'a pas prévue pour les actes postérieurs, qui peuvent le modifier sur des points importants, tels que la durée ou le mode d'administration. On a proposé, en raison de l'analogie établie déjà par la loi entre la publicité des associations et celle des societés commerciales, d'appliquer à cette matière les dispositions de la loi du 24 juillet 1867 ; il est difficile, tout en reconnaissant d'une part que la publicité devrait être exigée dans ces hypothèses aussi bien que dans le cas de la constitution de l'association, et d'autre part que son absence pourra donner lieu à de nombreuses difficultés et à des recours des tiers, d'appliquer sans texte formel les dispositions de la loi commerciale à cette matière essentiellement soumise au

droit administratif. Il sera sage de la part de l'association
de donner la plus large publicité à tous les actes modifi-
catifs, mais il est impossible de l'y contraindre juridiquement ou de frapper son inaction de pénalités qui ne lui
sont pas applicables.

En ce qui concerne la conversion de l'association libre
en association autorisée, M. Gain pense que cette importante transformation doit être portée à la connaissance
du public par l'affichage dans les communes de la situation des lieux, d'un extrait de l'acte d'association et de
l'arrêté du préfet (1) ; mais il ne cite aucun texte à l'appui.
Ne pourrait-on pourtant pas ici soutenir que l'on doit
effectuer la publicité prévue pour la constitution d'une
association autorisée ?

II. — Associations autorisées.

Droit d'initiative.

La constitution des associations autorisées devra naturellement nous arrêter plus longtemps. Si, en effet, nous
n'avons trouvé d'une façon générale pour les associations
libres que des règles tutélaires, empruntées en partie à la
législation sur les sociétés, et destinées à assurer le respect des droits et de la liberté de ceux qui entrent dans
l'association et des tiers qui traitent avec elle, les pouvoirs

(1) *Traité des Associations syndicales*, § 179.

beaucoup plus étendus des associations autorisées, la
délégation de puissance publique qui leur est conférée ont
nécessité la réserve au profit de l'autorité administrative
d'un droit de contrôle et même d'un droit d'intervention
qui, aux yeux de quelques-uns, a l'inconvénient de faire
de l'association autorisée, malgré son nom, une sorte de
dépendance de l'administration, mais qui a aussi, en
revanche, l'avantage d'opposer un obstacle sérieux aux
abus de prépondérance auquels pourrait se laisser entraîner
la majorité.

Qui peut provoquer la constitution d'une association
autorisée ?

Les personnes intéressées, tont d'abord, cela est évident, les propriétaires à l'exclusion du simple possesseur,
du fermier, de l'usufruitier, de l'usager ou du locataire,
toutes personnes qui n'ont pas de droit de propriété.
Comme ce droit de propriété doit porter naturellement sur
des immeubles compris dans le périmètre de l'association
projetée, il y a là une première détermination très délicate à effectuer pour les promoteurs de l'association. En
ce qui concerne les biens des incapables, nous connaissons
déjà les formalités simplifiées qui doivent être accomplies
par leurs représentants. Pour les biens possédés par un
propriétaire apparent, il faut se souvenir du principe général, maintenu depuis 1815 par une longue suite d'arrêts
de la cour de cassation, suivant lequel les droits réels
consentis par l'héritier apparent sont opposables à l'héritier
véritable, parce que les tiers ne doivent pas souffrir d'une

erreur qui ne saurait leur être imputable (1). La jurisprudence a fait application de ce principe, en matière d'expropriation, en décidant que la procédure est régulièrement suivie contre la personne inscrite sur la matrice des rôles, comme propriétaire des immeubles, en l'absence de toute dénonciation de l'intéressé à l'expropriant, faisant connaître l'inexactitude de cette inscription (2). Nous n'avons connaissance d'aucune décision de jurisprudence en ce qui concerne les associations syndicales, mais il nous semble qu'aucun motif ne peut justifier ici une dérogation à un principe constant qui s'appuie sur des considérations d'ordre public et d'équité assez puissantes, aux yeux de la cour suprême, pour faire fléchir cet autre principe, que « *Resolvito jure dantis, resolvitur jus accipientis.* »

Il est un genre d'associations pour lesquelles la loi a confié aux seuls intéressés le droit d'initiative; l'article 2 de la loi du 15 décembre 1888 décide que les syndicats autorisés pour la défense des vignes contre le phylloxera, ne peuvent être constitués que sur l'initiative des propriétaires, sans aucune intervention préalable de l'administration. Il semble pourtant que, si l'on admet le droit d'intervention de l'Etat dans des associations constituées pour des travaux d'hygiène ou même seulement d'amélioration, on devrait l'admettre à plus forte raison dans la formation d'associations destinées à lutter contre un fléau

(1) Notamment Cass. 26 janvier 1897. S. 97-1-313.
(2) Civ. Rej. 4 août 1880. D. P., 81-1-479.

qui ne restreint pas son œuvre néfaste à quelques propriétés ni même à une région isolée.

Mais pour toutes les autres associations autorisées, la loi
a placé sur la même ligne que les personnes intéressées, en
ce qui concerne l'initiative à prendre, le préfet et le maire. Le
droit du préfet existe depuis la loi de 1865 ; auparavant
les décrets dits de décentralisation de 1852 et de 1861 ne
lui conféraient guère qu'un droit illusoire, puisque l'exercice en était subordonné au consentement des intéressés,
et que leur résistance nécessitait la forme d'un décret rendu
en Conseil d'État. Le droit du préfet est aujourd'hui tel
qu'il a été établi en 1865, mais la loi du 22 décembre 1888
a en outre conféré le même droit aux maires. Voici en
quels termes le rapporteur de la loi au Sénat a justifié
cette disposition nouvelle : « Cette addition a paru heureuse à votre commission. En effet c'est l'administration
municipale qui représente le principal intérêt des travaux
à exécuter dans une commune. Il est donc juste qu'elle
puisse avoir l'initiative de la formation du syndicat autorisé, concurremment avec les propriétaires et le préfet. »
Et comme on critiquait néanmoins cette initiative concédée
aux maires, ainsi que le droit qui leur était accordé de se
faire représenter à l'Assemblée générale, et qu'on expri-
mait la crainte que l'entrée du maire et du préfet dans les
associations autorisées ne les transformât rapidement
en associations forcées, le rapporteur répondait à ces objections : « Pourquoi le maire ne pourrait-il pas prendre
lui-même l'initiative de réveiller la sollicitude des habitants

particulièrement intéressés et de provoquer une réunion de ces propriétaires pour délibérer sur l'utilité de la formation d'un syndicat? Le maire, actuellement, n'a pas le droit de le faire officiellement, mais il a bien le devoir de le faire officieusement; il sera loué s'il détermine ses administrés à prendre des mesures utiles à l'hygiène et à la salubrité publiques, à s'imposer des sacrifices pour le bien de la commune. » Il est certain en effet que, le principe de l'intervention des pouvoirs publics dans la constitution de l'association étant consacré par la concession de l'initiative au préfet, il était de toute logique de reconnaître le même droit au maire, mieux placé que le préfet pour connaître les besoins de la commune qu'il administre et porté selon toute probabilité, par le soin de ses propres intérêts, à ne pas compromettre ceux de ses administrés.

Projet [d'association.

La constitution de l'association une fois décidée en principe, « le préfet, dit l'article 10 de la loi de 1865, soumet à une enquête administrative, dont les formes devront être déterminées par un règlement d'administration publique, les plans, avant-projets et devis de travaux, ainsi que le projet d'association. Le plan indique le périmètre des terrains intéressés, et est accompagné de l'état des propriétaires de chaque parcelle. Le projet d'association spécifie

le but de l'entreprise et détermine les voies et moyens
nécessaires pour subvenir à la dépense. »

Nous n'avons pas besoin d'insister sur l'importance de
cette disposition, qui détermine en quelques lignes toutes
les formalités applicables à la naissance de l'association
autorisée, non plus que de faire remarquer sa concision
vraiment excessive en ce qui concerne le plan et le projet
d'association. L'article détermine d'une façon vague ce
que ce plan et ce projet devront contenir, mais il s'abs-
tient d'abord d'indiquer par qui et comment ils devront être dressés. Sur ce point, nous sommes restés sous
l'empire de la loi de 1865 ; le plan des travaux est donc
dressé par des hommes de l'art au choix du syndicat. La
législation syndicale, si favorable à l'extension du rôle de
l'administration, n'a pas exigé l'intervention d'agents de
l'administration, et cela, chose étrange, dans le cas où
précisément cette intervention administrative n'aurait en-
travé en aucune façon l'action personnelle de l'association,
puisque l'initiative aurait continué à appartenir à ses
promoteurs, mais où elle aurait eu pour effet de donner
de sérieuses garanties aux tiers et même aux propriétaires intéressés. C'est en effet le plan ainsi dressé qui va
déterminer les propriétés comprises dans l'association, et
il aurait peut-être été préférable de confier le soin de
l'établir aux ingénieurs des Ponts et Chaussées, plutôt que
de le laisser à des hommes sans titre officiel, dont le choix
n'appartiendra même pas à l'ensemble des personnes intéressées, mais seulement aux promoteurs de l'entreprise.

Quoi qu'il en soit, c'est volontairement que la loi est muette sur ce point; comme l'explique M. Aucoc, on n'a pas voulu, tout en rendant hommage aux lumières des ingénieurs, constituer un monopole à leur profit; et d'ailleurs dans bien des cas, les travaux entrepris ne seraient pas d'une importance suffisante pour justifier leur intervention.

Le projet d'association, ajoute l'article 10, spécifie le but de l'entreprise et les voies et moyens nécessaires pour subvenir à la dépense. Voilà toutes les dispositions législatives sur ce point ; le Parlement a laissé à un règlement d'administration publique le soin de préciser les prévisions que doit contenir ce projet : ce règlement rendu le 17 novembre 1865 a été remplacé par celui du 9 mars 1894. Les dispositions que contient ce dernier sont intéressantes à retenir, car elles dénotent l'intention de l'autorité administrative d'étendre sa surveillance sur cette partie même de l'œuvre syndicale qui sera souvent accomplie par les seuls intéressés ; et on ne peut nier non plus que le règlement n'ait comblé de fâcheuses lacunes, en contraignant les auteurs du projet à étudier d'une façon sérieuse l'œuvre qu'ils vont entreprendre, et pour laquelle ils vont demander le concours pécuniaire de petits propriétaires souvent inhabiles à apprécier eux-mêmes si le projet présente des garanties financières et administratives de succès. Il importe donc que l'administration, sans entreprendre elle-même des études qu'elle ne saurait accomplir sans empiéter sur les intérêts particuliers, fixe à l'avance des règles suffisamment précises pour contraindre les promoteurs de l'entreprise à désigner à l'avance le but qu'ils visent et les ressources sur lesquelles ils peuvent légitimement compter pour y parvenir; peut-être pourra-t-on arrêter ainsi les agissements de spéculateurs qui, en fait de travaux préparatoires, ne s'étaient guère souciés que de dresser le montant des sommes qui pourraient être versées par les associés.

L'article 6 du règlement de 1894, qui indique les énonciations essentielles que doit contenir le projet d'association, marque donc une étape importante dans la législation des associations; nous devons rechercher la portée de ses dispositions qui nous donneront en même temps dans ces grandes lignes l'organisation intérieure de l'association.

Le projet doit tout d'abord déterminer le siège de l'association, afin que les intéressés puissent exactement connaître le lieu où ils pourront se procurer tous renseignements et adresser toutes réclamations, et ne soient plus à la merci, comme cela était arrivé autrefois, de spéculateurs invisibles, dont le domicile était toujours fort éloigné du centre des opérations entreprises; aux termes de la jurisprudence, les tiers étaient contraints, lorsque la société n'avait pas de siège statutaire, de l'assigner au domicile personnel de son directeur (1), et ils reculaient souvent devant les difficultés et les frais d'une telle pour-

(1) Civ. Cass. 1er décembre 1886. D. P., 87-1-183.

suite. Le règlement ne fait d'ailleurs que se conformer au droit commun en exigeant la désignation du siège de l'association, personne morale, et il a réparé ainsi l'oubli du règlement de 1865.

Doivent être ensuite fixés à l'avance le but de l'entreprise et les voies et moyens nécessaires pour subvenir à la dépense, ainsi que le chiffre maximum des emprunts qui peuvent être votés par le syndicat.

C'est là sans contredit le point le plus important de la constitution qui doit être réglé à l'avance ; c'est seulement en exigeant des prévisions précises et formelles à cet égard que l'on pourra parvenir au résultat souhaité par les partisans éclairés du développement des associations, et qui consiste à restreindre la formation d'associations au cas où leur œuvre pourra vraiment être d'utilité commune, et où elles pourront disposer des ressources nécessaires pour la mener à bonne fin ; on évitera ainsi la ruine des propriétaires alléchés par de trompeuses promesses, sans aucune garantie à l'appui. On pourra alors, en inspirant une confiance raisonnée aux intéressés, développer l'action syndicale et déterminer les propriétaires ruraux, toujours jaloux de leur individualité, à réunir leurs efforts pour accomplir des travaux qu'ils ne pouvaient entreprendre isolément.

Le but de l'entreprise doit d'abord être indiqué, et cette prescription paraît presque naïve dans son évidence. Il n'en est rien, car il a été maintes fois constaté que les promoteurs d'une association syndicale, s'ils ne manquaient jamais, pour attirer les souscripteurs, de faire briller à leurs yeux les résultats qu'ils espéraient, avaient non moins soin d'indiquer fréquemment ces résultats d'une façon peu précise, soit pour se garantir contre les réclamations des intéressés en cas d'insuccès, soit pour se réserver la faculté d'employer les sommes recueillies à des travaux auxquels les souscripteurs n'avaient pas entendu les appliquer. En outre, et depuis la loi du 22 décembre 1888, il est devenu d'autant plus nécessaire de désigner expressément le but de l'entreprise, que cette loi à étendu le nombre des cas où il pouvait être constitué des associations autorisées, et qu'elle a établi des formalités différentes selon le but poursuivi ; il est évident que la disposition qui exige une déclaration d'utilité publique par décret pour certains travaux ne pourrait être appliquée si le projet n'établissait pas nettement que les travaux projetés rentrent dans les catégories soumises à cette formalité essentielle. Dans ces conditions, on peut dire que l'expression large employée par le règlement de 1894 doit être interprétée restrictivement, et qu'un projet qui ne déterminerait pas d'une façon précise le genre de travaux auxquels l'association projetée doit donner lieu ne devrait pas recevoir l'approbation de l'autorité administrative.

Si le but de l'entreprise doit et peut facilement être indiqué, il sera souvent plus difficile d'obéir strictement au vœu de législateur, en indiquant les « voies et moyens ». Ce que les promoteurs de l'association devront ainsi déter-

miner, ce sont les ressources, soit pécuniaires, soit en
nature, sur lesquelles ils peuvent compter d'une façon
certaine au moment de la constitution du syndicat ; il ne
leur sera pas permis d'escompter des subventions hypo-
thétiques ou des concours incertains. La première de ces
ressources, celle qui ne peut manquer à aucune entreprise,
ce sont les taxes qui devront être acquittées par les parti-
cipants ; mais il ne suffit pas d'indiquer l'existence de ces
taxes, il faut leur donner une base certaine, il faut que les
souscripteurs puissent connaître l'étendue de l'engagement
qu'ils contractent. Or il ne saurait être question, bien
entendu, de fixer à l'avance le chiffre exact des sommes
qui pourront être demandées à chaque souscripteur ; on
ne peut qu'indiquer la proportion dans laquelle il sera tenu,
en fixant la part d'intérêt sur laquelle on devra annuellement calculer sa cotisation. M. Gain a proposé pour donner
plus de garanties encore, de fixer à l'avance non seulement cette part d'intérêt, mais aussi le maximum des
taxes qui pourront être perçues ; il nous semble qu'en
fixant ce maximum, on ne ferait guère que préparer une
déception aux associés, car si les travaux à exécuter
exigent ensuite une somme supérieure à ce maximum, il
faudra ou ne pas tenir compte de cette prévision, ou bien
pour s'y conformer suspendre les travaux et perdre le
bénéfice des dépenses déjà faites : nous ne voyons pas
que l'un ou l'autre de ces résultats soit avantageux pour
l'association ou pour ses membres.

Si elle n'avait que les ressources provenant des taxes,

aucune association ne pourrait entreprendre des travaux
importants; car leur exécution exige toujours l'apport de
capitaux dès le début de l'entreprise ; et si les associés
sont hors d'état, comme il arrive souvent dans les campagnes, de réunir de suite le capital de premier établissement, il ne pourra être fourni que par des emprunts ou
par les subventions qui seront généralement accordées soit
par l'Etat, le département ou la commune, soit par des
sociétés ou compagnies particulières. Il est évident que
ces subventions, quand elles reposeront sur des garanties sérieuses, devront être mentionnées dans le projet, et
cela à raison de leur importance capitale ; il sera nécessaire
d'indiquer également la forme sous laquelle elles se présentent, et les conditions auxquelles elles sont accordées.
En étudiant le régime financier de l'association, nous trai-
terons des subventions administratives ; quant à celles des
compagnies privées, elles peuvent ou être faites gratuite-
ment ou n'être accordées que moyennant indemnité ;
il en sera ainsi dans le cas de subventions en nature,
lorsque des terrains appartenant à une compagnie de chemins de fer et sur lesquels se trouvent des travaux défen-
sifs seront compris dans le périmètre : une indemnité
pourra être réclamée par la compagnie à raison de l'apport
de ceux de ces travaux qui seront utiles, et le Conseil de
Préfecture aura, en cas de désaccord, à en arbitrer le
montant (1).

(1) Conseil d'État, 11 janvier 1895. Lebon, p. 23.

Quant aux emprunts, le paragraphe 8 du même article 6 a fort justement établi l'obligation de fixer « le maximum des emprunts qui pourront être votés par le syndicat » ; il n'aurait servi de rien, en effet, de fixer la part d'intérêt qui correspondra au chiffre de la taxe à percevoir, et de permettre ainsi aux intéressés de limiter, dans une certaine mesure, les engagements qu'ils contractent, s'ils pouvaient ensuite se trouver engagés sans limitation possible par des emprunts contractés sans leur assentiment.

Nous ne pouvons examiner le détail de toutes les autres ressources devant appartenir à l'association et être prévues dans le projet ; elles seront généralement de peu d'importance et résulteront soit de la location de certains terrains, soit de produits naturels du sol ; notons seulement le cas tout particulier, prévu par l'article 3 de la loi du 22 décembre 1888 et que nous avons examiné en recherchant les conséquences de la personnalité civile reconnue aux associations, où les associés devront prendre et faire mentionner dans le projet leurs engagements personnels, en fournissant des garanties à certains créanciers. Nous avons vu que l'existence de ces garanties était une condition mise à l'extension des associations autorisées aux nᵒˢ 6 à 10 de l'article 1ᵉʳ, extension fortement combattue par ceux qui craignaient le développement des travaux collectifs au détriment de la propriété individuelle ; d'une part, on améliorait la situation de créanciers qui pouvaient être dépourvus de tout recours contre l'association elle-même, et, d'autre part, on pensait qu'en contraignant les

associés à garantir personnellement les dépenses devant
résulter des travaux entrepris, on modérerait l'esprit aven-
tureux d'initiative que l'absence de responsabilité personnelle peut parfois exalter au delà des limites où il appartient au législateur de l'encourager.

Le projet doit également déterminer le minimum d'étendue de terrain ou d'intérêt, qui donne à chaque propriétaire
le droit de faire partie de l'assemblée générale des intéressés, et le maximum de voix attribué à un même propriétaire ou à chaque usinier, ainsi que le maximum de
voix attribué aux usiniers réunis.

Quel sera le régime électoral de cette petite république
qu'est l'association ? Telle est la question tranchée par ces
deux paragraphes, et, tranchée, ainsi que le fait remarquer M. Gain (1), suivant des principes absolument opposés
à ceux qui nous régissent au point de vue politique. Si
l'on avait voulu modeler la constitution de l'association
sur la Constitution de 1875, on aurait décidé que le suffrage universel régnerait dans les assemblées des associés,
que chacun jouirait d'un droit égal de vote, et que toutes
les décisions seraient prises à la majorité des suffrages
ainsi exprimés. Or, on avait appliqué en 1865, et on a
maintenu par les lois et règlements postérieurs, un système absolument différent ; le droit de suffrage n'est pas
attaché à l'individu, mais à son intérêt dans les travaux
entrepris ; chacun a une part de pouvoir proportionnelle

(1) Commentaire du règlement de 1894, § 103,

aux dépenses qu'il supporte et à la part qu'il prend à l'œuvre commune. Faut-il attribuer cette réglementation toute spéciale à un aveu que le régime qui a paru équitable en politique ne saurait s'appliquer à la représentation des intérêts matériels ? Faut-il croire plus simplement que le législateur a été placé ici dans la nécessité d'écarter le suffrage universel pour décider les gros propriétaires à entrer dans les associations syndicales et ne pas voir ces associations réduites à de petits propriétaires dont les ressources insuffisantes ne permettraient pas de mener à bonne fin les travaux toujours longs à accomplir ? Nous n'avons heureusement pas à trancher cette question ; nous constatons seulement que le principe posé en 1865 a été maintenu depuis cette époque et que le règlement de 1894 lui a seulement apporté une modification d'application, sur la légalité de laquelle nous ne pouvons que nous reporter à ce que nous avons dit au début de cette étude, en exposant le rôle que le Conseil d'État s'était attribué dans la confection de ce règlement. L'article 20 de la loi de 1865 ordonnait d'indiquer dans le projet le « minimum d'intérêt » qui donnerait le droit à chaque propriétaire de faire partie de l'assemblée générale ; le règlement de 1894 y substitue les mots « minimum d'étendue de terrain ou d'intérêt ». Cette modification, qui n'a naturellement été soumise à aucune discussion législative, peut avoir des conséquences d'une certaine gravité ; si l'on a sagement agi, en 1865, en substituant à la loi du nombre la loi de l'intérêt, on n'en saurait dire autant du système qui con-

siste à donner à un propriétaire voix délibérative ou non
selon que sa propriété est plus ou moins étendue : tel
associé, qui possède un vaste territoire, mais qui jouit
déjà de l'usage d'eaux en certaine quantité, peut avoir un
intérêt moins grand aux travaux que son voisin, qui ne
possède qu'une petite propriété, mais qui est totalement
privé de tout moyen d'irrigation, et mesurer le droit de
vote d'un associé à sa fortune territoriale, c'est revenir à
un procédé aussi brutal que le suffrage universel, et qui
ne peut, comme ce dernier, trouver sa justification dans
une idée d'égalité.

Et l'inconvénient de ce système apparaîtra plus encore
dans l'application du paragraphe 2 de l'article 20 de la loi
de 1865, qui décide sagement que « les propriétaires des
parcelles inférieures au minimum fixé pourront se réunir
pour se faire représenter à l'assemblée générale par un ou
plusieurs d'entre eux, en nombre égal au nombre de fois
que le minimum d'intérêt se trouve compris dans leurs
parcelles réunies. » Si le degré d'intérêt peut justifier l'attribution d'une plus ou moins grande influence, et si l'on
peut équitablement grouper plusieurs propriétaires qui,
pris individuellement, ont un intérêt très faible aux travaux, il n'en devrait pas être de même dans le cas où leur
seul défaut est de ne posséder qu'une minime parcelle de
terrain ; une égalité bien entendue exige que le petit propriétaire ne soit pas, uniquement parce que petit propriétaire, placé dans une situation inférieure à celle du
grand propriétaire, si d'ailleurs son intérêt dans l'asso-

ciation est relativement aussi considérable. Cette disposition de la loi de 1865, que la circulaire ministérielle justifiait en disant que la représentation de la propriété dans les assemblées doit être dans une juste mesure proportionnelle à l'intérêt, a donc été déviée par le règlement du but que s'était proposé le législateur.

D'ailleurs comment s'effectuera ce choix que permet l'article 6 du règlement? Devra-t-on adopter pour tous les membres de l'association le même système, ou calculera-t-on pour les uns l'étendue de leurs propriétés, pour les autres l'intérêt qu'ils peuvent avoir aux travaux? Et en tous cas à qui appartiendra-t-il de faire ce choix? Autant de questions qui naissent de cette innovation, attestant ainsi son importance capitale et la nécessité d'une sanction législative, et qui sont de nature à faire peser sur toutes les associations constituées depuis 1894 une menace de nullité, puisque la validité de l'association est subordonnée à l'accomplissement intégral de toutes les formalités imposées par la loi à sa constitution.

Si donc nous approuvons d'une façon absolue le régime électoral de l'association, et si nous sommes d'avis qu'il est de nature à assurer une sage administration par ceux qui y sont étroitement intéressés, nous restreignons notre approbation à ce régime tel qu'il a été institué par la loi de 1865 ; le règlement de 1894, si l'on doit admettre qu'il ait été rendu dans les limites de la délégation confiée au Conseil d'État, et qu'il ait force obligatoire sur ce point, nous paraît avoir créé un système mixte qui pourra avoir des conséquences injustifiées et peu démocratiques, et sera en tous cas la source de nombreuses difficultés d'application.

Quant à la disposition qui exige la fixation d'un maximum de voix pour un même propriétaire ou chaque usinier, ainsi que pour les usiniers réunis, elle procède au contraire de l'esprit qui a présidé à la création du système de 1865; il fallait qu'un propriétaire, quelque grands que fussent son intérêt et sa propriété, ne pût avoir une influence trop grande et devenir effectivement le seul maître de l'association; pour employer une expression quelque peu familière, on pourrait dire que cette disposition constitue la soupape de sûreté du mécanisme adopté; pour les usiniers, la nécessité était la même, car leurs besoins particuliers, plus étendus que ceux des agriculteurs, risquaient de provoquer des conflits qu'il est prudent d'éviter.

L'article 6 exige enfin la détermination par le projet :

Du nombre de mandats dont un fondé de pouvoirs peut être porteur aux assemblées générales.

On a cherché à expliquer cette disposition par des motifs semblables à ceux qui ont dicté celles qui la précèdent; nous ne voyons pas bien pourquoi le fondé de pouvoirs aurait une plus grande autorité en votant pour plusieurs personnes que n'en auraient eu ces mêmes personnes votant elles-mêmes; en tous cas cet inconvénient ne nous paraît pas de nature à justifier cette limitation : les intérêts d'un certain nombre de propriétaires peuvent être absolument communs, et il y aurait avantage à leur permettre de les réunir, pour diminuer la durée de la discussion et pour la rendre en même temps plus précise.

Du nombre des syndics à nommer, de leur répartition, s'il y a lieu, dans les diverses catégories d'intéressés et de la durée de leurs fonctions ; des conditions de l'éligibilité de ces syndics et du renouvellement du syndicat.

Il semblerait que les promoteurs de l'association jouissent ainsi de la liberté la plus grande sur tous ces points, à la seule condition d'en user avant la constitution de l'association et de faire approuver les règles qu'ils auront établies ; en réalité, il n'en est rien : la matière a été réglée législativement par les articles 20, 21, 22 et 23 de la loi de 1865, et l'article 30 du règlement est également venu consacrer les droits de l'autorité administrative.

En principe le choix des syndics sera confié d'une façon absolue à l'assemblée générale, sauf le droit réservé au préfet, à la Commission départementale, au Conseil municipal ou à la Chambre de commerce, dans le cas où une subvention a été accordée par l'État, le département, la commune ou une Chambre de commerce, de nommer un nombre de syndics proportionné à la part que cette subvention représente dans l'ensemble de l'entreprise (1) ;

(1) Sous l'empire de la loi de 1865, le droit de nomination appartenait dans toutes ces hypothèses au préfet ; il a paru plus équitable, en 1888, de le conférer aux représentants de la personne morale qui avait accordé la subvention.

tous les autres syndics sont élus par l'assemblée générale parmi les intéressés. et sans avoir à tenir compte du plus ou moins grand intérêt que les élus peuvent avoir aux travaux ; quant à leur nombre, leur répartition parmi les diverses catégories d'intéressés, et la durée de leurs fonctions, les statuts déterminent librement ces questions ; le mode d'élection n'est pas obligatoirement prévu par les statuts, mais il sera utile de l'y déterminer avec soin, si les associés veulent éviter de voir l'association tomber dans la main de l'administration. Si en effet ils ne pouvaient à l'assemblée générale parvenir à s'entendre sur le mode d'élection, le préfet pourrait user du droit qui lui a été expressément réservé de nommer lui-même les syndics, dans le cas où l'assemblée, après deux convocations, ne se serait pas réunie et n'aurait pas procédé à l'élection ; et il n'est pas besoin d'insister sur l'importance d'une telle prérogative, dont il appartient d'ailleurs aux intéressés d'empêcher l'exercice, en rédigeant avec soin les statuts, et en tenant l'assemblée générale conformément à la loi. Le préfet n'a d'ailleurs pas le droit de révocation (1).

A ces dispositions, l'article 30 du règlement en a ajouté deux autres, dont il est difficile de ne pas critiquer à la fois la légalité et le bien-fondé (2). La première donne à l'assemblée le droit de remplacer les syndics avant l'expiration de leur mandat ; l'intérêt que peuvent avoir les

(1) Conseil d'État, 25 mars 1881. Lebon, p. 336.
(2) Cf. Gain. *Op. cit.*, § 183 et s.

associés à exercer une sérieuse surveillance sur leurs élus ne saurait justifier la faculté qui leur serait ainsi conférée de les rendre révocables à volonté, au cours du mandat qu'ils leur ont confié pour une durée déterminée. Les travaux à exécuter sont toujours longs, le résultat ne pourra en être connu qu'à longue échéance, et les syndics seront ainsi exposés à des réclamations incessantes et à une menace de révocation qui écartera de cette fonction les plus compétents et les plus honorables; il sera bien plus rationnel, si on craint soit leur incapacité soit leur abus d'autorité, de leur confier un mandat de courte durée, qu'il sera loisible ensemble de leur renouveler.

La seconde disposition a eu pour but de trancher une question non résolue par les textes législatifs, la désignation du juge chargé de statuer sur les réclamations formées contre l'élection des syndics. Les lois de 1865 et de 1888 sont muettes sur ce point; seule la loi du 20 août 1881 sur les chemins ruraux a attribué le jugement de ces réclamations au Conseil de préfecture; mais il ne saurait être question d'appliquer les dispositions de cette loi spéciale à toutes les associations syndicales, et dans le silence des textes généraux, presque tous les auteurs étaient d'accord pour reconnaître compétence au ministre des travaux publics, sauf recours au Conseil d'État. En déclarant que « les réclamations contre l'élection des syndics sont jugées par le Conseil de préfecture, sauf recours au Conseil d'État », le règlement a-t-il considéré que la loi de 1881 avait statué d'une façon

générale, ou a-t-il cru pouvoir user de la délégation qui
lui avait été faite pour trancher cette question de compétence (1), nous l'ignorons, mais nous devons rappeler ce
principe tant de fois sanctionné par la jurisprudence du
Conseil d'État, et notamment sur le point qui nous occupe, que le Conseil de préfecture n'est pas juge de droit
commun en matière administrative, et qu'il ne peut statuer
que sur les matières qui lui ont été expressément déférées
par un texte législatif (2). Le règlement de 1894 peut-il
être considéré comme ayant le caractère de texte législatif, lorsqu'il statue sur des matières qui ne sauraient
rentrer dans les voies d'application et d'exécution pour la
réglementation desquelles une délégation lui a été confiée ? S'il n'a pas ce caractère, le juge de l'élection des
syndics devrait être à notre avis, non pas le ministre des
travaux publics, comme le veulent les auteurs qui ont
écrit sous l'empire d'une jurisprudence aujourd'hui abandonnée, mais le Conseil d'État lui-même, qui, dans l'intérêt d'une bonne administration de la justice, accentue
de jour en jour sa tendance à se déclarer juge des contestations auxquelles aucune juridiction n'a été désignée, et

(1) Le Conseil d'État semble avoir pensé qu'en insérant cette disposition dans le règlement de 1894, il ne faisait qu'énoncer le principe résultant des dispositions combinées de la loi du 21 juin 1865 et de celle du
20 août 1881 (Cf. Conseil d'État, 19 juin 1896. D. P., 97, 3. 64, et la
note). Cette explication ne peut nous décider à modifier notre appréciation, et nous ne pouvons admettre cette interprétation générale
tirée de la loi spéciale de 1881 sur les chemins vicinaux.

(2) Conseil d'État, 11 mai 1889. Lebon, p. 589.

par conséquent juge de droit commun en matière administrative (1).

Enfin une dernière indication doit être donnée dans le projet : c'est celle de l'époque de la réunion annuelle de l'assemblée générale ; on évitera ainsi de remettre l'association entièrement dans la main des syndics, qui pourraient ajourner cette réunion et se dispenser ainsi de rendre compte de leur mandat ; pour le même motif, il eût été bon de combler une autre lacune signalée dans la loi de 1865, en exigeant l'indication du lieu où cette assemblée devra se réunir.

Enquête.

Le projet ainsi établi va être soumis à l'enquête, qui, d'après le projet de la loi de 1865, devait être faite suivant les formes administratives établies par les ordonnances en vigueur à l'époque. Sur l'avis du Conseil d'Etat, le Parlement a préféré remettre le soin de déterminer ces formes à un règlement d'administration publique, qui a heureusement simplifié et complété les mesures prescrites en matière de travaux communaux par l'ordonnance du 23 août 1835. Ce règlement, comme nous le savons déjà, a été remplacé par celui du 9 mars 1894, qui n'y a apporté que peu de modifications sur ce point. Toutes les pièces sont déposées à la mairie pendant vingt jours,

____

(1) Laferrière. *Juridiction administrative*, t. I, p. 413.

ainsi qu'un registre destiné à recevoir les observations des intéressés ; après l'expiration de ces vingt jours, un commissaire nommé par le préfet, et qui aujourd'hui n'est plus nécessairement choisi parmi les notables que désignait le règlement de 1865 et doit seulement ne pas avoir d'intérêt personnel aux travaux, reçoit pendant trois jours encore les déclarations des intéressés, puis transmet son registre de déclarations et son avis motivé au préfet, sans qu'il soit encore nécessaire, comme en 1865, de transmettre auparavant les pièces au maire et de demander l'avis du Conseil municipal. Une formalité importante a été prescrite par les deux règlements successifs, c'est la notification du dépôt des pièces à chacun des propriétaires intéressés, en outre de la publication à son de trompe ou de caisse et de l'affichage, innovation administrative que le ministre n'avait pas de peine à justifier en remarquant dans sa circulaire du 29 novembre 1865, que « souvent par indifférence un certain nombre de propriétaires non présents sur les lieux, ou même présents dans la localité, négligent de fournir leurs observations ou adhésions à un projet soumis à l'enquête, et plus tard font entendre des réclamations. La notification qui sera faite à chacun d'eux individuellement, en même temps qu'elle offre une garantie sérieuse, rendra inadmissible toute réclamation postérieure à l'enquête. » L'idée qui a inspiré cette innovation est extrêmement juste, et pour éclairer davantage encore les propriétaires sur l'œuvre qui va être entreprise, on a décidé en 1894 de joindre à cette notification une formule d'adhésion ; mais on a fait remarquer aussi avec raison que, en cas d'absence des propriétaires, la notification faite dans la forme administrative risquait de ne pas les toucher puisqu'elle peut être remise à leurs représentants ou fermiers, ou, à défaut de représentants ou fermiers, déposée à la mairie ; par un sentiment inexplicable, on a reculé encore ici, comme en tant d'autres matières, notamment comme pour la remise des livrets militaires, devant l'emploi du service des Postes, pourtant service d'Etat !

Une fois ces formalités accomplies, le préfet prend l'instruction en main. L'enquête est terminée à l'égard des intéressés ; ils sont censés avoir été mis en situation de formuler suffisamment leur avis, et d'éclairer l'autorité administrative sur l'utilité de l'œuvre projetée, qu'elle sera chargée de déclarer en dernier ressort. Cette mesure d'instruction, qui présente une si grande importance pour les intérêts privés de ceux qui vont peut-être être englobés malgré eux dans l'association, est-elle entourée par la loi de garanties suffisantes ? Nous avons déjà indiqué que la notification aux intéressés risquait de ne pas leur parvenir ; en admettant qu'elle leur parvienne, le délai de vingt jours n'est-il pas un peu court pour permettre à ceux qui peuvent être absents au début de l'enquête et qui recevront tardivement la notification, puisqu'elle leur est transmise par leurs fermiers ou représentants, de venir consigner leurs observations sur le registre à ce destiné ? Enfin aucun recours n'a été prévu : l'opposition fondée sur les motifs les plus légitimes ne mettra pas obstacle au droit du préfet de convoquer l'assemblée générale dès que le délai réglementaire sera expiré ; bien au contraire, la circulaire ministérielle que nous avons rapportée semble vouloir priver les propriétaires de réclamations postérieures : la notification, dit le ministre, rendra inadmissibles toutes réclamations postérieures à l'enquête. Il ne faut pas d'ailleurs s'exagérer la portée de cette menace ; l'acte constitutif de l'association peut être, comme nous le verrons plus loin, frappé de trois recours différents : deux recours contentieux et un recours gracieux. Les deux premiers n'étant aucunement subordonnés, quant à leur recevabilité, à l'enquête de l'article 7, continueront, bien entendu, à pouvoir être exercés par les intéressés ; tout au plus peut-on donc penser que l'Administration a voulu les prévenir qu'elle se proposait de ne pas donner suite au recours gracieux qui pourra être porté devant elle. Quoi qu'il en soit, cette menace n'a pas été reproduite à notre connaissance dans les circulaires subséquentes, et elle n'a pas reçu de sanction dans le règlement de 1894.

Les formalités de l'enquête, telles que nous venons de les énumérer, ne s'appliquent pas à la constitution des associations formées pour la défense des vignes contre le phylloxera ; la loi du 15 décembre 1888 les a simplifiées, en disposant que l'enquête ne durerait que quinze jours, et que le préfet ne nommerait pas de commissaire ; le maire en remplit de droit les fonctions. Si ce dernier est favorable à l'association, le pouvoir considérable qui lui est ainsi conféré lui permettra de supprimer presque toute défense des intérêts privés à cette étape de sa constitution.

L'enquête terminée, il appartient au préfet compétent, qui est celui du département où se forme l'association, et en cas où elle s'étend sur plusieurs départements, celui du département où a été fixé son siège, de réunir l'assemblée générale des propriétaires « qui sont présumés devoir profiter des travaux ». Cette expression assez peu explicite qui se trouve dans tous les textes législatifs et réglementaires de la matière, ne signifie pas qu'il appartienne au préfet de désigner ces propriétaires qui seront présumés intéressés ; cette présomption se trouve établie par le projet d'association. L'arrêté, dans lequel le préfet désigne les jour, lieu et heure de la réunion, devra être porté à la connaissance des intéressés par les mêmes moyens de publicité que l'enquête : ampliation adressée aux maires, publication à son de trompe ou de caisse, et notifications individuelles.

Assemblée générale

C'est dans cette assemblée que les intéressés vont exercer — et épuiser — le droit qui leur appartient sur la constitution de l'association autorisée. Si, en effet, il dépendra du préfet de constituer définitivement l'association, ou de se refuser à l'autoriser, il faut, pour qu'il puisse

exercer ce droit souverain, que la constitution ait d'abord
été votée par l'assemblée générale; et de là l'importance
du calcul de la majorité nécessaire pour voter cette constitution; de là le conflit de l'intérêt général et des intérêts
privés, entre lesquels il ne s'agissait pas pour le législateur de tenir la balance rigoureusement égale, mais dont
il fallait déterminer les droits respectifs, selon le caractère des travaux entrepris et le degré d'utilité commune
qu'ils présentent; l'extension que le législateur de 1888 a
donné au principe de l'association autorisée lui a paru
devoir avoir pour conséquence la modification du chiffre
de la majorité nécessaire pour le vote de l'association,
comme elle avait déjà entraîné l'application de cette forme
d'association à de plus nombreuses catégories de travaux.

Remarquons d'abord que le contrôle de l'autorité administrative sur l'assemblée est assuré par le droit réservé
au préfet d'en nommer le président, sans qu'il soit même
tenu de le choisir parmi ses membres. Cette règle, que
l'on a justifiée au Corps législatif en disant que dans une
assemblée où la majorité faisait la loi à la minorité, il
importait que le président n'eût pas d'intérêt personnel
dans l'entreprise, s'explique aussi par le désir de l'administration de diriger la discussion comme elle a dirigé
l'instruction : le rôle du président est en effet d'une grande
importance dans cette assemblée. Pour en montrer
l'étendue, et pour en finir de suite avec le mécanisme du
vote à l'assemblée générale, disons d'abord, en effet, que
le président est chargé en premier lieu de constater si

toutes les formalités préalables ont été régulièrement accomplies, et si l'assemblée est aussi régulièrement constituée. Il vérifie donc les pouvoirs des présents, ceux des mandataires des absents; il prend connaissance des adhésions qui ont été envoyées par écrit et constate le respect des formes auxquelles sont soumises les adhésions des incapables. Ces formalités une fois accomplies, c'est à lui qu'il appartient naturellement de diriger la délibération; les compte-rendus législatifs nous montrent tous les jours l'importance de la prérogative conférée à cet égard au président. Enfin et surtout, la délibération une fois close — et il en prononce la clôture — il dresse le procès-verbal complet de la séance et des résolutions qui y ont été prises, et certifie sous sa seule responsabilité l'adhésion des intéressés qui ne savent signer. C'est donc, en somme, dans cette assemblée privée et où les intérêts particuliers sont seuls encore en jeu, le représentant de l'administration, c'est-à-dire de l'intérêt général, qui joue le rôle prépondérant.

Quelle est la majorité nécessaire au vote? La loi de 1865, qui n'admettait la constitution d'une association autorisée que pour les travaux des cinq premiers numéros de l'article 1er, édictait une règle très simple, et la même pour tous ces travaux; il fallait l'adhésion de la majorité des intéressés, représentant au moins les deux tiers de la superficie des terrains, ou des deux tiers des intéressés, représentant plus de la moitié de la superficie; on avait cherché ainsi, comme on l'avait déjà fait en détermi-

nant le régime électoral de l'association, à tenir compte à la
fois de l'intérêt personnel et de l'intérêt dérivant de la propriété. Mais en 1888, la question se présentait plus complexe,
le régime de l'association autorisée avait été étendu à tous
les travaux de l'article 1er, on avait admis d'une façon générale
le principe d'une coercition exercée par la majorité sur la
minorité : encore fallait-il que ce principe fût justifié par
des intérêts privés plus considérables, à défaut de l'intérêt
général qui ne s'y trouvait pas aussi directement engagé.
« On comprend, disait M. Develle dans son rapport supplémentaire au Sénat, du 6 novembre 1888 (1), que pour
ces travaux (nos 1, 2, 3, 4, 5) le législateur ait pu trouver
dans la représentation de la superficie la représentation à
peu près exacte de la valeur, mais il ne saurait en être de
même en ce qui concerne les travaux des villes, ni même
les travaux agricoles prévus par les numéros 8, 9 et 10.
Dans les villes, la valeur des immeubles dépend surtout
de la situation qu'ils occupent et de l'importance des cons-
tructions qui les couvrent ; dans les campagnes, elle varie
sensiblement selon les degrés de fertilité du sol, le mode
de culture, etc. C'est pour cette raison que la Commission
chargée d'examiner la proposition de MM. Floquet et Na-
daud, relative aux travaux des villes, avait été amenée à
substituer l'élément de la valeur à celui de la superficie.
Toutefois elle n'avait pas indiqué le mode d'évaluation de
la valeur. C'est pour cette raison aussi que la plupart des

(1) D. P., 89, 4, 8.

lois étrangères, dites d'améliorations agricoles, exigent
que la majorité paye une certaine quotité de l'impôt
foncier affectant la superficie des immeubles compris
dans le périmètre. Tel est d'ailleurs l'esprit de la loi
de 1865, qui, ainsi que nous l'avons rappelé, a voulu com-
biner l'importance des intérêts avec le nombre des propriétaires. C'est chose grave assurément que d'imposer
à un propriétaire l'alternative de courir des risques qu'il
considère comme excessifs et d'accepter des charges
qui lui paraissent trop lourdes, ou de délaisser son immeuble. S'il n'est pas admissible que la mauvaise volonté
de quelques-uns paralyse des entreprises présentant un
véritable caractère d'intérêt général, et si dès lors l'unanimité des intéressés ne peut être exigée, il faut au moins
que la majorité qui impose sa loi à la minorité soit assez
élevée et représente des intérêts assez considérables pour
légitimer ce droit de coercition. » Et en conséquence,
l'article 5 de la loi de 1888 exige pour les travaux des numéros 6 à 10 l'adhésion des trois quarts des intéressés
représentant plus des deux tiers de la superficie et payant
plus des deux tiers de l'impôt foncier afférent aux immeubles, ou des deux tiers des intéressés représentant plus
des trois quarts de la superficie et payant plus des trois
quarts de l'impôt foncier afférent aux immeubles.

L'extrait que nous venons de donner du rapport de
M. Develle nous dispense de justifier le calcul nouveau de
la majorité organisée par la loi de 1888, et en particulier
l'adjonction du facteur constitué par le taux de l'impôt

foncier payé ; il est impossible de ne pas souscrire entièrement à cette application du principe que la dépense doit
être autorisée par celui qui la supportera. Peut-être nous
sera-t-il seulement permis de remarquer que les observations si justes du rapport pourraient également s'appliquer aux travaux des cinq premiers numéros, et qu'on
n'a pas suffisamment expliqué pourquoi la majorité qui
paraissait insuffisante quant aux travaux des autres numéros
continuerait à être suffisante pour ceux-ci. Sauf les travaux des numéros 6 et 7, travaux urbains pour lesquels
la quotité de l'impôt foncier a encore une plus grande
importance, tous les travaux prévus par la loi sont des travaux agricoles ; l'exécution des uns et des autres aura ce
même effet de contraindre les propriétaires qui en nient
l'utilité à acquitter une dépense contre laquelle ils pro-
testent, ou à délaisser leur propriété : pourquoi ne pas
leur appliquer le même régime ? On peut répondre, il est
vrai, comme on l'a déjà dit à la Chambre des Députés, que
les travaux des cinq premiers numéros sont des travaux
qui intéressent la salubrité publique, et que les mêmes
motifs qui avaient décidé le législateur de 1865 à réserver le
principe de l'association autorisée à ces travaux devaient le
conduire, en 1888, à ne pas exiger une majorité aussi
puissante pour les entreprendre ; mais nous voyons pourtant figurer, au numéro 4, l'établissement des ouvrages
nécessaires à l'exploitation des marais salants, qui ne peut
bien certainement mettre en jeu que des intérêts pécuniaires privés, et en aucune façon un intérêt général d'as-

sainissement et de salubrité (1). Si donc les éléments qui composaient la majorité de la loi de 1865 paraissaient n'avoir pas été assez judicieusement choisis, la réforme aurait peut-être pu s'étendre utilement à tous les travaux de la loi. C'est sous le bénéfice de cette légère réserve que nous approuvons pleinement le régime organisé par la loi du 22 décembre 1888.

Autorisation préfectorale.

Si la majorité a donné son adhésion, le préfet, disait l'article 12 de la loi de 1865, autorise, s'il y a lieu, l'association. Le préfet ne pouvait donc déclarer l'association constituée que lorsqu'elle avait été votée par la majorité, mais une fois ce vote obtenu, il jouissait seul du pouvoir d'autoriser ou non l'association décidée par les intéressés. A ce pouvoir, la loi de 1888 a apporté plusieurs tempéraments ; le préfet reste en principe maître de constituer ou non l'association, mais son droit ne s'exerce plus d'une façon absolue que pour les travaux des cinq premiers numéros de l'article premier ; pour les travaux des articles 6 et 7, il est subordonné à la nécessité de l'avis conforme du

(1) Le manque d'unité dans la législation apparaît d'ailleurs encore dans l'examen des règles de majorité applicables aux associations relatives aux chemins ruraux et à la défense contre le phylloxera. Pour les premières, la loi qui les réglemente étant antérieure à 1888, a adopté les conditions de la loi de 1865 ; pour les secondes, la loi du 15 décembre 1888 a appliqué un système mixte, celui de la loi du 22 décembre 1888, moins l'adjonction de l'impôt foncier.

Conseil municipal et du Conseil général, et pour les travaux agricoles des numéros 7 à 10, l'appréciation du préfet ne porte plus guère que sur les formes dans lesquelles a été préparée et votée l'association, car son arrêté doit être précédé d'une déclaration d'utilité publique qui lui retire tout pouvoir effectif de décision sur l'utilité des travaux projetés. Pour ces derniers travaux, nous savons que la nécessité de la déclaration d'utilité publique a été une condition justement mise à l'extension du principe de l'association autorisée à des entreprises qui ne comportaient pas jusqu'en 1888 un droit de coercition accordé à la majorité, et une suprême garantie accordée à l'intérêt privé que l'on sacrifiait à l'intérêt général ; pour les travaux des n°s 6 et 7, l'avis conforme du Conseil général ou du Conseil municipal a paru nécessité par l'intérêt général des travaux urbains compris sous ces deux numéros, intérêt dont ces assemblées devaient être les meilleurs juges.

Mais cet avis conforme du Conseil général et du Conseil municipal se serait encore justifié, à notre avis, et non pas seulement dans les cas prévus par les numéros 6 et 7, par la disposition grosse de conséquences du paragraphe 4 de l'article 3 de la loi de 1888, qui, nous l'avons vu, met à la charge de l'Etat, du département ou de la commune l'insolvabilité de l'association, lorsque ces personnes morales auront été intéressées aux travaux ou en auront profité. Si l'on a cru pouvoir donner aux tiers, dans le cas d'insolvabilité de l'association, un recours contre la commune, le département ou l'Etat qui n'ont pas présidé en somme à la constitution de l'association, qui n'ont pas élaboré ses statuts ni assumé sa direction, il aurait peut-être été juste de leur conférer un droit d'approbation, et de ne pas les considérer comme engagés malgré eux. Pour l'Etat, il appartiendra sans doute au préfet, représentant des pouvoirs publics, de ne pas autoriser l'association, si ses ressources lui paraissent insuffisamment prévues; pour le département et la commune, leurs conseils élus sont les seuls véritables dépositaires de leurs intérêts, et il y aurait donc là aussi un motif sérieux de les appeler à délibérer sur les travaux qui les intéressent ainsi directement. Ne voit-on pas qu'à ce point de vue, l'article 5 ne devait pas restreindre la nécessité de l'avis conforme aux seuls travaux des numéros 6 et 7, puisque la disposition relative à l'insolvabilité est absolument générale? Nous ne nous dissimulons pas, d'ailleurs, les inconvénients que la nécessité de cet avis conforme aurait provoqués, et en particulier l'état de dépendance dans lequel elle aurait pu placer les associations vis-à-vis des communes et des départements, qui seraient devenus en réalité maîtres de permettre ou de refuser la constitution de l'association; le législateur a donc peut-être eu raison de ne pas établir cet abus, mais il en a forcément consacré un autre, en faisant retomber les conséquences de l'insolvabilité de l'association sur des départements ou des communes qui n'avaient pu en assumer la responsabilité.

Pour les travaux de défense contre le phylloxera, la loi

du 15 décembre 1888 a donné au contraire un pouvoir considérable au Conseil général, qui décide s'il y a lieu de constituer l'association syndicale, et ne laisse guère ainsi au Préfet que le soin d'enregistrer sa décision.

L'arrêté pris par le préfet doit être porté à la connaissance du public; la loi de 1865 a prescrit qu'il serait inséré dans le recueil des Actes de la Préfecture et affiché dans les communes de la situation des lieux. Le règlement de 1894 a complété ces dispositions en décidant que l'affichage, dont l'importance est considérable, car c'est la date où il est effectué qui fait courir les délais de recours, devrait être effectué dans les quinze jours de la date de l'arrêté, et que l'accomplissement de cette formalité serait certifié par les maires des communes où il aurait lieu.

III. — Droits réservés à ceux qui se trouvent lésés par la constitution de l'association.

C'est l'arrêté du préfet qui constitue l'association autorisée; c'est donc cet arrêté que doivent pouvoir attaquer les personnes qui, à tort ou à raison, se trouvent lésées par la constitution de l'association. En fixant les droits qui leur appartiennent, le législateur devait tenir compte à la fois des intérêts privés de ceux qui méconnaissent l'utilité de l'œuvre entreprise, et de l'intérêt général qui exige que cette œuvre, lorsqu'elle a reçu la sanction de la majorité des intéressés et de l'administration, ne puisse être entravée par la résistance de quelques-uns. Pour parvenir à ce but, il a accordé deux facultés distinctes aux dissidents, la faculté de recourir contre la création de l'association, et au cas où le rejet de cette prétention ne leur laisserait plus d'autre ressource, celle de délaisser les terrains compris par l'arrêté dans l'association.

Recours.

Il n'existe pas moins de trois voies de recours ouvertes contre la constitution de l'association autorisée. Un recours gracieux et un recours contentieux sont explicitement prévus par la loi du 21 juin 1865 ; les principes généraux du droit administratif nous conduisent en outre à admettre, à la suite d'éminents auteurs, l'existence du recours pour excès de pouvoirs.

Le recours gracieux est ouvert par l'article 13 de la loi de 1865 d'une façon extrêmement large, dans le délai d'un mois, non seulement à tout propriétaire intéressé, mais encore aux tiers étrangers à l'association qui peuvent craindre un préjudice causé par l'exécution des travaux, ou qui ont un droit quelconque sur les propriétés comprises dans l'association. Le délai court à partir de l'affichage, ce qui n'est d'ailleurs pas sans inconvénients ; les affiches peuvent avoir été posées tardivement dans une commune, et comme il n'est pas question ici de notification, la date de l'affichage sera souvent difficile à connaître et pour l'intéressé et pour l'autorité chargée de faire respecter le délai. D'après le projet primitif, l'autorité chargée de statuer sur ce recours était le ministre des Travaux publics, auquel était seulement imposée l'obligation de consulter la section des Travaux publics du Conseil d'État; la commission du Corps législatif a étendu le rôle du Conseil en prescrivant que la décision serait prise par le Chef de l'État, sous forme de décret rendu en Conseil d'État; dans ces conditions, c'est en fait le Conseil d'État qui statue. La genèse même de l'article 13 suffirait à nous faire écarter l'opinion qui s'était formée après la loi de 1865, que le mot décret avait été improprement inséré dans l'article 13, et que ce recours était en réalité un recours contentieux, soumis aux formes habituelles au jugement de ces recours; à notre connaissance cette opinion ne compte d'ailleurs plus aujourd'hui de défenseurs. Aucune des formalités qui régissent le recours contentieux n'est donc applicable à ce recours; le Conseil d'État statue sans publicité et sans frais.

Mais si ce recours est gracieux, il n'en existe pas moins également un recours contentieux, qui peut être exercé concurremment, et c'est pour nous un motif de placer ici, bien que la loi n'en fasse mention qu'à une place différente, et que les auteurs aient généralement suivi l'ordre indiqué par elle, le recours spécial établi par l'article 17 de la loi de 1865 dans ces termes : « Nul propriétaire compris dans l'association ne pourra après le délai de quatre mois à partir de la notification du premier rôle des taxes, contester sa qualité d'associé ou la validité de l'association ». La

loi a placé ce recours parmi les contestations que les asso
ciés peuvent avoir entre eux, en ne remarquant pas
suffisamment qu'il se relie étroitement à la constitution
de l'association, puisqu'il a pour effet d'en remettre la
validité même en question.

Ce recours, que le principe général du pouvoir réservé
aux tribunaux d'apprécier la légalité des bases sur lesquelles
s'appuient une poursuite en condamnation ou une demande
en paiement aurait suffi d'ailleurs à conférer aux intéressés, a été introduit dans l'article 17 sur la demande de la
Commission, qui a justifié sa nécessité non-seulement par
l'intérêt de ceux à qui il est ouvert, mais encore par l'intérêt de l'association elle-même, contre qui il est dirigé.
En principe, en effet, tout membre de l'association contre
qui une action quelconque eût été intentée aurait pu à
toute époque contester soit sa qualité d'associé, soit la validité même de l'association ; celle-ci aurait pu être ainsi
contrainte d'intervenir dans de nombreux débats judiciaires
où son existence même eût été mise en jeu. Il ne s'agissait pas de mettre obstacle à ce droit naturel des associés,
mais il importait de fixer une époque à laquelle la situation de l'association et des associés eux-mêmes fût définitivement fixée et dût s'imposer à tous, et la seule façon
légitime de parvenir à ce but était précisément de reconnaître aux propriétaires compris dans l'association un large
délai pour attaquer par la voie contentieuse l'arrêté qui
avait constitué l'association et qui les y avait englobés ;
une fois ce délai expiré, on pouvait à bon droit considérer

tout recours postérieur comme tardif. « Il faut bien, disait le rapporteur de la loi, qu'un délai soit fixé après lequel on ne pourra plus contester ni la qualité d'associé, ni l'acte d'association ; autrement il n'y aurait jamais d'association sérieuse, si celui qui a reçu la notification des taxes venait dire à toute époque : je ne veux plus être associé, je vais contester l'association. C'est donc pour que les associations soient sérieuses, pour que les engagements soient respectés, que cet article a été introduit. » Et il ajoutait qu'au point de vue pratique on éviterait ainsi les difficultés qu'éprouveraient les associations à obtenir des prêts de nos grands établissements de crédit, si ces établissements devaient vérifier la validité de l'acte d'association relativement à chacune des personnes qui y auraient concouru ou y auraient été représentées.

Dans l'intérêt des associés, on a cherché à donner au délai un point de départ qui leur assurât la possibilité d'exercer leur droit, et on a choisi la notification du premier rôle des taxes qui leur seront imposées. Cette notification, venant après toutes les formalités préliminaires à la constitution de l'association, ne peut laisser aucun doute à l'intéressé sur l'existence de cette association et sur la qualité d'associé qui lui a été attribuée. On a voulu qu'un propriétaire ne pût prétendre avoir été compris sans le savoir dans l'association, on a établi une sorte de présomption légale résultant de la notification du premier rôle ; mais le Conseil d'État, s'il maintient avec fermeté le principe que les associés ne peuvent contester la validité de l'association après ce délai (1), a peut-être trop tenu compte de l'esprit qui a inspiré cette disposition en décidant qu'à défaut de notification, l'intéressé avait été suffisamment averti par l'avis qu'il avait reçu de la contrainte décernée contre lui pour le payement de la taxe (2). L'article fixe expressément comme point de départ la notification ; il semble difficile d'admettre que cette notification puisse être remplacée par un acte équivalent, aujourd'hui surtout que l'on a reconnu la nécessité de fortifier encore les moyens de porter à la connaissance des intéressés les actes constitutifs de l'association.

Le délai fixé, quatre mois, est largement suffisant ; la demande est jugée par le Conseil de préfecture, sauf à surseoir évidemment s'il est soulevé une question préjudicielle de propriété à trancher par les tribunaux civils (3).

Les deux recours établis par la loi sont donc, en dehors même du caractère gracieux de l'un et du caractère contentieux de l'autre, absolument différents. Le recours gracieux, s'il est renfermé dans un délai beaucoup plus court que le recours contentieux, est en revanche ouvert d'une façon beaucoup plus large, et quant à ceux qui peuvent l'exercer, et quant aux griefs qui peuvent le

(1) 9 juin 1894. Lebon, p. 397. — 2 mars 1895. Lebon, p. 207.

(2) Conseil d'État, 17 janvier 1873. Lebon, p. 67.

(3) L'intéressé n'en sera d'ailleurs pas moins, comme nous le verrons plus loin, en droit de contester la taxe devant le Conseil de Préfecture, lors de la publication de chaque rôle, mais il ne pourra plus contester sa qualité d'associé ou la validité de l'association.

justifier. Il appartient, en effet, non seulement aux intéressés, mais encore aux tiers qui peuvent être lésés
par la constitution de l'association, tandis que le recours contentieux est réservé aux seuls propriétaires
associés; il est absolument général, et non restreint,
comme le second, aux seules contestations sur la qualité
d'associé ou la validité de l'association ; ces différences
s'expliquent par le but même qu'a poursuivi le législateur
en instituant l'un et l'autre recours.

Ces recours ne mettent d'ailleurs pas obstacle au recours
pour excès de pouvoir, dont le Conseil d'État, soucieux,
tout au moins quand il statue au contentieux, de défendre
les particuliers contre les agissements d'une administration parfois trop puissante, a toujours tendu à développer
l'exercice, en vertu des droits qu'il tient des lois des
7-14 octobre 1790 et 24 mai 1872. Pour le recours contentieux de l'article 17, aucun doute ne peut exister,
puisque l'exercice de ce recours est subordonné à la notification du premier rôle des taxes, et que le Conseil
d'État admet d'une façon constante que l'intéressé ne
doit pas être tenu d'attendre l'application qui lui est faite
d'un acte d'autorité de l'administration pour contester la
légalité de cet acte; en ce qui concerne le recours gracieux, des difficultés n'avaient pu être soulevées que par
ceux qui lui refusaient précisément ce caractère de gracieux, et la jurisprudence et les auteurs sont aujourd'hui
unanimes pour reconnaître qu'il ne peut mettre obstacle à

l'exercice du recours pour excès de pouvoir devant le Conseil d'État statuant au contentieux (1).

Délaissement.

Le droit de délaissement est la dernière garantie accordée aux intéressés qui ne veulent à aucun prix faire partie de l'association, et qui n'ont pu utilement contester sa validité ou leur qualité d'associés; en faisant abandon de leur terrain moyennant indemnité, ils pourront se dépouiller de cette qualité d'associés que la situation de leurs propriétés et le vote de la majorité leur imposaient. Ce droit se justifie par d'impérieuses considérations d'équité; nous dirons plus, il est absolument nécessaire, car l'intéressé peut avoir de sérieux motifs de ne pas entrer dans l'association, soit qu'il n'ait pas confiance dans l'avenir de l'entreprise ou qu'il n'en aperçoive pas l'utilité, soit que, au cas où il approuverait les travaux, il ne possède pas les ressources nécessaires pour envisager sans crainte les dépenses forcément improductives pendant un certain temps qui devront être faites. N'eût-il pas ces motifs d'ailleurs, que le respect de la liberté individuelle devrait lui faire attribuer cette faculté, alors surtout que l'exercice n'en entravera nullement la constitution de l'association. La loi a fait un partage entre l'intérêt public et l'intérêt

______

(1) Conseil d'État. 6 juin 1879. Lebon, p. 463. Cf. Aucoc. *Op. cit.*, t, II. n° 885. Gain. *Op. cit.* n° 195. Godoffre. *Op. cit.*, n° 188.

privé en ne contraignant pas les intéressés à faire partie de l'association malgré eux, et en faisant respecter le pouvoir reconnu à la majorité par l'autorisation qu'elle accorde malgré l'hostilité de ces propriétaires dissidents, pourvu qu'ils soient préalablement indemnisés de la perte de leur propriété. Mais suit-il de là que l'intéressé contraint de délaisser soit placé dans une enviable situation, et que, comme l'a dit le ministre de l'intérieur au Sénat, il doive être « très heureux de se constituer à l'état de minorité : la minorité en effet ne paiera rien, car on lui fait dans la loi une situation spéciale ; elle peut délaisser, et si elle use de cette faculté, elle sera expropriée. » ? Nous voyons bien que le propriétaire ne paiera rien, et même qu'on lui paiera une indemnité, mais nous croyons néanmoins, avec M. Gain (1), que le délaissement n'est jamais qu'une dernière ressource, une dernière garantie laissée à l'intérêt individuel : il est juste que l'association prenne à sa charge les risques qu'elle assume par sa constitution même, et qu'elle acquitte les dépenses dont elle espère tirer profit ; mais nous devons constater que cet intéressé, qui sera presque toujours un petit propriétaire rural, sera forcé d'abandonner la terre ou le champ dont il avait su jusque là vivre et se contenter, et que ce mot de délaissement ne fait que dissimuler le mot plus brutal et plus vrai d'expropriation. Or l'expropriation, en vertu de la loi du 3 mai 1841 et des lois antérieures, était un droit accordé

____

(1) *Etude sur les Associations syndicales,* § 207.

à la seule puissance publique ; en l'accordant à des associations qui pour représenter l'intérêt général, n'en sont
pas moins seulement la réunion de quelques intérêts privés, en nombre souvent peu considérable, il nous semble
que c'est à ces associations qu'on a concédé une faveur
très importante, et qu'il faut une certaine ironie pour van-
ter le sort de celui qui est contraint de renoncer à sa propriété, pour échapper à une association qu'il n'a pas voulue
et dont il craint peut-être avec raison les fâcheuses conséquences.

L'utilité ou plutôt la nécessité du délaissement étant
ainsi reconnue, dans quels cas y aura-t-il lieu à délaissement ? Une distinction a été faite par la loi de 1865, et respectée dans son principe par la loi de 1888, le droit de
délaisser existe dans tous les cas où il y a lieu à la constitution d'une association autorisée — nous savons que la
loi de 1888 admet cette constitution pour tous les travaux
de l'article premier — sauf pour les deux premiers numéros, qui concernent le curage et l'endiguement des cours
d'eau. Pour donner les motifs de cette distinction, nous ne
saurions mieux faire que de reproduire les développements
donnés sur ce point par l'orateur du gouvernement en
1865 : « Nous n'étendons pas la mesure de délaissement
aux cas du curage et de l'endiguement des cours d'eau,
parce que le curage et l'endiguement, c'est-à-dire la préservation de la propriété privée contre le débordement et
la stagnation des eaux, sont des obligations imposées par
la loi existante aux propriétaires : ce sont des servitudes

légales. Il faut que les cours d'eau soient curés, il faut que les digues soient élevées pour que les récoltes ne soient pas perdues, pour qu'il n'y ait pas de stagnation d'eau ni de miasmes délétères : voilà la législation. Nous sommes restés au point de vue de cette législation, et alors nous n'avons pas compris que les propriétaires, auxquels incombe cette servitude de curage ou de préservation contre les inondations, puissent invoquer le droit d'expropriation ou de délaissement à leur profit, parce qu'ils ne voudraient pas contribuer à une dépense obligatoire établie par la législation existante. Ce n'est pas au nom de l'intérêt privé que peut se former une association pour les travaux de curage et d'endiguement, c'est au nom de l'intérêt public, dans un intérêt collectif, dans l'intérêt de la salubrité, aussi bien que dans l'intérêt du domaine rural et des récoltes ; c'est parce qu'il y a cet intérêt public que nous n'admettons pas qu'un propriétaire puisse échapper à cette servitude en disant : Je délègue le soin de ma propriété à mon voisin. »

Pour les travaux de curage et d'endiguement, qu'il appartient à l'administration d'ordonner à défaut de formation d'association syndicale, la loi n'admet donc pas que la formation de cette association confère à quelques-uns une faculté qui ne leur appartenait pas auparavant. Si l'administration usant de son droit exécutait ces travaux, les propriétaires ne pourraient échapper à l'obligation d'acquitter la dépense qui serait mise à leur charge ; il est donc juste, si une association se forme pour les exécuter, que ces propriétaires ne puissent se soustraire par le délaissement à l'obligation qui pèse sur eux. Il ne s'agit pas ici d'un travail destiné uniquement à procurer des bénéfices aux intéressés, et dont l'utilité peut être diversement appréciée, il s'agit d'une obligation générale, à laquelle un propriétaire ne peut échapper, en la rejetant sur ses voisins, qui sont tenus d'une obligation égale, mais non supérieure à la sienne (1).

Le premier acte du délaissement est une déclaration faite à la préfecture par les propriétaires, dans le délai d'un mois à partir de l'affichage de l'arrêté préfectoral d'autorisation. Ce délai étant le même que celui du recours de l'article 13, les propriétaires qui ne veulent à aucun prix entrer dans l'association devront donc déposer en même temps leur recours et leur déclaration de délaissement; cette dernière ne produira bien entendu effet que si le recours est rejeté. La loi de 1865 n'a pas prévu le cas où le délaissant ne saurait pas signer, et n'a pas désigné par conséquent, comme en matière d'adhésion, de personne apte à recevoir cette déclaration; aussi pense-t-on généralement que dans ce cas la déclaration devrait

(1) Il n'y en a pas moins un rapprochement curieux à faire entre les diverses distinctions faites par les lois — par la loi de 1865, au sujet de la possibilité de constituer une association autorisée — par la loi de 1888 sur le même sujet — et enfin celle qui a trait au délaissement. Les différents orateurs ont justifié par des motifs à peu près semblables ces distinctions qui ne sont pourtant pas en harmonie parfaite les unes avec les autres.

être reçue par un notaire ; l'opinion émise par M. Gain (1),
que l'acte pourrait être reçu par le préfet en la forme
administrative, a été repoussée par tous les auteurs, un
tel droit ne pouvant être créé que par un texte spécial. La
loi de 1865 n'avait établi non plus aucune règle pour le
délaissement par les incapables ; devait-on appliquer à
cette hypothèse les formalités prévues par l'article 4 de la
loi, ou devait-on, comme semblaient l'indiquer les termes
employés par le rapporteur, considérer ce délaissement
comme une aliénation, et appliquer les règles plus sévères
du code civil ? Cette discussion ne présenterait plus aujour-
d'hui d'intérêt ; l'article 6 de la loi de 1888 a adopté pour
tous les incapables, ainsi que pour l'Etat, le département,
la commune ou les établissements publics, les formalités
simplifiées de l'article 4. Il y a là un avantage évident au
point de vue de la rapidité des opérations et de la diminution des frais ; mais peut-être pourrait-on remarquer
que le délaissement par un incapable devrait être entouré
de garanties plus sérieuses que l'adhésion à l'association.
Par l'adhésion, en effet, le représentant de l'incapable
ne lui impose qu'une participation à des dépenses,
que la majorité des intéressés a jugées utiles ; en faisant pour lui une déclaration de délaissement, il le
prive de sa propriété, moyennant une indemnité dont le
chiffre est encore inconnu ; peut être un acte aussi grave
exigerait-il de plus sérieuses mesures de protection. Il est

(1) *Traité des Associations,* § 200.

vrai qu'en matière d'expropriation la loi du 3 maï 1841
favorise aussi exceptionnellement les cessions à faire par
les incapables ; mais il ne faut pas oublier que dans cette
hypothèse, il y a toujours déclaration d'utilité publique, et
que la décision à prendre ne porte que sur le prix de la
cession, non sur son opportunité ; ici, au contraire, il
s'agit de décider si l'incapable doit aliéner sa propriété ou
la conserver. Le législateur de 1888 n'a d'ailleurs pas
méconnu les conséquences de cette situation, car il a prü-
demment décidé que le Tribunal ordonnerait les mesures
de conservation. Il appartiendra donc à ce Tribunal de
contrôler l'emploi de l'indemnité allouée aux incapables.

Si le délaissement est fait par une personne capable,
et si l'entente se fait avec l'association sur le chiffre de
l'indemnité, la procédure s'arrête là ; si, au contraire, il
s'agit d'un incapable, ou pour toute personne s'il y a
désaccord sur le chiffre, il sera nécessaire de recourir au
jury d'expropriation. Il pourra en être de même, ajoute
l'article 17 du règlement de 1894, si les créanciers privi-
légiés ou hypothécaires inscrits le réclament ; ils ne seront
plus ainsi victimes de la mauvaise foi ou de la négligence
de leur débiteur.

Aux termes de la loi de 1865, l'indemnité doit être fixée
par le petit jury de la loi du 21 mai 1836 ; l'article 6 de la
loi de 1888 a exigé pourtant le jury de la loi de 1841 pour
les travaux des n°s 6 et 7, c'est-à-dire pour les travaux urbains, qui soulèvent généralement des intérêts plus considérables. Disons seulement ici, pour ne pas anticiper sur une

matière que nous retrouverons en étudiant le mode d'action des associations autorisées, que la procédure de la loi du 21 mai 1836 est très rapide ; le jury, choisi par le tribunal sur la liste générale, ne se compose que de quatre jurés, présidés par un magistrat désigné par ce tribunal, et ayant voix délibérative en cas de partage.

L'acte de délaissement, qui vaut translation de propriété à l'égard de la propriété délaissée, doit être porté à la connaissance des tiers et des créanciers inscrits. La publicité à l'égard des tiers est assurée par la publication et l'affichage dans la commune de la situation des biens, et en outre par l'insertion dans un journal de l'arrondissement, ou à défaut de ce journal, dans un journal du département ; il est à remarquer que c'est à l'acte même du délaissement que les formalités s'appliquent, même au cas où l'indemnité a été fixée par le jury, et que la publication du jugement lui-même n'est pas exigée comme elle l'est en matière d'expropriation par la loi de 1841.

A l'égard des créanciers inscrits, le délaissement sera porté à leur connaissance par la transcription au bureau de la conservation des hypothèques de l'arrondissement, conformément à l'article 2181 du Code civil. Mais quels seront les effets de cette transcription, ou en d'autres termes, quels seront les droits des créanciers inscrits sur l'immeuble délaissé? Le règlement du 9 mars 1894 a mis fin sur ce point à une vive controverse soulevée par la loi de 1865 et que nous devons rappeler brièvement, ne fût-ce que parce qu'elle a été tranchée dans le sens contraire à

l'opinion soutenue par les commentateurs les plus autorisés. Dans le silence de la loi, la difficulté était celle-ci :
l'association qui devenait propriétaire du terrain délaissé,
et qui jouissait donc du droit de le purger, devait-elle recourir à la procédure des articles 2181 et s. du Code civil,
ou bénéficiait-elle de la faveur accordée par les articles
16 à 19 de la loi de 1841 en matière d'expropriation :
l'immeuble exproprié était-il affranchi de tous privilèges et
hypothèques, à défaut d'inscription dans la quinzaine de la
transcription de l'acte de délaissement, et les créanciers,
privés du droit de surenchérir, étaient-ils réduits à reporter leurs droits sur l'indemnité accordée à leur débiteur ?
En faveur de ce dernier système, on faisait valoir l'analogie du délaissement avec l'expropriation, et la nécessité
d'éviter à l'association une procédure longue et coûteuse (1),
mais on répondait que la faveur accordée aux associations
syndicales ne pouvait faire oublier la différence profonde
qui sépare l'expropriation du délaissement (2). La purge
simplifiée de la loi de 1841 s'explique par le but de l'expropriation et par les multiples garanties qui l'accom-
pagnent; l'immeuble est acquis par l'expropriant dans un
intérêt d'utilité publique, les travaux ne sont autorisés
que par un acte législatif ou gouvernemental, et la procédure est entourée d'une publicité considérable, qui, jointe
à l'importance plus grande des travaux entrepris, ne per-

(1) Godoffre. *Op. cit.*, nos 205 et s.
(2) Gain. *Op. cit.*, nos 206 et s.

met guère au créancier d'ignorer le danger qui le menace. Ensuite, et c'est peut-être là, à notre avis, l'argument le plus sérieux donné à l'appui de ce système, on ne saurait comprendre en matière d'expropriation le droit de surenchérir accordé au créancier, puisque l'expropriation a précisément pour but l'acquisition de cet immeuble. S'il s'agit de délaissement au contraire, le but poursuivi par l'association n'est aucunement l'acquisition de cet immeuble, qu'elle n'opère que contrainte par le refus du propriétaire de devenir associé. Les formalités imposées par la loi à la constitution de l'association ne peuvent non plus être comparées à celles exigées en matière d'expropriation, et surtout la plupart d'entre elles n'ont pu qu'apprendre au créancier qu'une association syndicale se formait, tout en lui laissant ignorer que le bien qui constituait son gage allait changer de mains, puisque le propriétaire a un délai d'un mois après l'arrêté d'autorisation pour manifester son intention de délaisser. Enfin le droit de surenchérir aurait ici de grands avantages, car il profiterait non seulement au créancier, mais encore à l'association, qui y trouverait ce double bénéfice de n'avoir pas d'abord à acquitter une indemnité toujours onéreuse au début d'une entreprise, et ensuite de remplacer l'associé qui lui fait défaut par un nouvel associé volontaire; il faut songer, en effet, que l'intérêt d'une association est d'avoir des associés, participant aux travaux et aux charges de l'œuvre entreprise, et non un capital immobilier qui ne saurait être pendant longtemps qu'une source de dépenses sans compensation. La circu-

laire ministérielle du 12 août 1865 engageait les associations à faire cesser au plus vite l'indivision qui résulte de
l'acquisition forcée des terrains délaissés, en revendant ces
terrains à des acquéreurs qui consentiraient à être associés et à supporter les charges de l'association. N'arrive-
rait-on pas plus facilement à ce résultat en donnant aux
créanciers le droit de surenchérir ?

Le règlement de 1894 n'en a pas moins privé les créanciers de la protection du Code civil en décidant, par son
article 16, que la purge des privilèges et des hypothèques
aurait lieu dans les formes prescrites par l'article 17 de la
loi du 3 mai 1841 ; à défaut du droit de surenchérir, il leur
reste seulement, comme nous l'avons vu, le droit de s'opposer à l'allocation amiable de l'indemnité, et de requérir
sa fixation par le jury.

Le même règlement a mis fin d'une façon plus heureuse
à une controverse portant sur la nature des droits d'enre-
gistrement à appliquer au délaissement. L'administration
refusait d'accorder l'immunité des articles 21 et 31 de la
loi du 16 septembre 1807, et considérait le délaissement
comme une aliénation volontaire soumise au droit de
5,50 % ; désormais toutes les formalités de timbre, d'enre-
gistrement et de transcription devront être accomplies
sans frais.

Quant aux autres droits pouvant exister sur les immeubles délaissés, et résultant de locations ou d'usages, la
loi n'a pas fixé leur sort ; il semble bien que l'association
devenue propriétaire soit subrogée activement et passive-

ment aux droits du délaissant, et tenue, aux termes de l'article 1743 C. C., d'exécuter ses obligations ; l'incorporation de la propriété dans l'association sans délaissement laisse subsister les rapports antérieurement existants entre le propriétaire et le locataire, et il doit en être de même au cas où l'association est devenue elle-même propriétaire ; le locataire continuera donc à jouir des droits que lui confère son bail, sauf à demander une diminution de loyer, au cas où son droit de jouissance serait diminué par les travaux exécutés, ou même la résiliation, si ce droit se trouve complètement anéanti (1).

Pour les associations de défense contre le phylloxera, la loi du 15 décembre 1888 a également admis le droit de délaissement, qui s'opère dans des conditions identiques (2).

IV. — Conversion des associations libres en associations autorisées.

L'article 8 de la loi de 1865 donne aux associations libres le droit de se transformer en associations autorisées, et de jouir par conséquent des avantages et des moyens d'action réservés à cette sorte d'association. Cette conver-

______

(1) Cf. Gain. *Op. cit.* § 208.

(2) A noter que la loi du 20 août 1881 n'a pas admis le délaissement pour les chemins ruraux, estimant probablement qu'il y avait là un droit dont l'utilité générale ne permettait pas à un propriétaire de rejeter sur un autre les charges qui lui incombaient.

sion est autorisée par arrêté préfectoral, en vertu d'une
délibération prise par l'assemblée générale, conformément
à l'article 12, sauf dispositions contraires des statuts. La
loi de 1888, en autorisant pour tous les travaux la constitution d'une association autorisée, a mis fin à une controverse sur le sens de l'article 8; tandis que certains
auteurs admettaient dans tous les cas le pouvoir de la
majorité pour opérer cette transformation, d'autres le
restreignaient aux cas où la majorité eût été suffisante pour
constituer l'association, et exigeaient le consentement
unanime des associés pour opérer la transformation dans
les cas où ce consentement unanime était nécessaire pour
la constitution de l'association. Aujourd'hui la majorité,
fixée par l'article 12 modifié, suffit évidemment dans tous
les cas, sauf disposition spéciale et contraire insérée dans
les statuts (1). La jurisprudence est même si favorable à
cette transformation, qu'elle a décidé qu'un propriétaire,
qui avait voté la transformation d'une association libre en
autorisée, ne pouvait contester la validité de cette transformation, sous prétexte que l'arrêté d'autorisation avait
compris des propriétaires qui ne faisaient pas partie de l'association libre (2). D'ailleurs, si elle maintient avec fermeté

(1) C'est donc par une erreur inexplicable que M. Gain, en com-
mentant le règlement de 1894 (§ 285), déclare que cette modification
ne peut être votée par la majorité que dans le cas où les statuts le
prévoient, et que dans leur silence il faut le consentement unanime
des associés ; c'est le contraire qui est vrai.

(2) Conseil d'État, 27 octobre 1893. Lebon, p. 711. Cet arrêt semble

le droit d'intervention de l'administration et le pouvoir de coercition de la majorité, elle exige le **strict accomplissement** des formalités prescrites, et en particulier **la réunion** de l'assemblée générale (1).

On s'accorde généralement à reconnaître que la transformation de l'association libre en autorisée ne peut causer aucun préjudice sérieux aux associés, et leur confère au contraire des prérogatives nouvelles ; c'est ainsi qu'on a justifié cette transformation par la simple majorité d'une association qui avait été originairement constituée par le consentement unanime de tous les intéressés. Néanmoins deux hypothèses peuvent se présenter : ou la transformation est repoussée par un ou plusieurs associés, ou bien les statuts soit interdisent cette transformation, soit la soumettent à des conditions particulières. Dans le premier cas, ces protestations isolées ne peuvent bien entendu mettre obstacle à la transformation, puisque le vote de la majorité suffit à son exécution ; mais ces intéressés peuvent recourir contre l'arrêté préfectoral d'autorisation. On s'accorde à leur reconnaître le recours contentieux et

en contradiction avec un arrêt du 13 mai 1881 (Lebon, p. 500) sur lequel nous reviendrons, qui a décidé que pour faire entrer dans l'association nouvellement autorisée des propriétaires qui résistent, il fallait former une association nouvelle, en accomplissant toute la procédure nécessaire. Le Conseil d'État a-t-il simplement voulu en 1893, refuser le droit de relever cette irrégularité aux propriétaires qui faisaient partie de l'association libre, et avaient voté sa transformation ?

(1) Conseil d'État, 4 novembre 1887. Lebon, p. 694.

le recours pour excès de pouvoir déjà étudiés, en tenant compte naturellement de l'article 17 qui interdit de contester la qualité d'associé après un délai de quatre mois depuis la notification du premier rôle des taxes (1). Quant au recours spécial de l'article 13, c'est-à-dire au droit de déférer au Conseil d'État, dans le mois de l'affichage, l'arrêté préfectoral, on a soutenu que c'était un recours exceptionnel, qui ne pouvait être accordé ici par analogie; M. Gain répond fort justement que l'article 13 est la sanction de l'article 12, et qu'on ne saurait l'en séparer, sans priver les intéressés d'un recours légitime (2). Il nous semble, pour les mêmes motifs, que l'on doit reconnaître aux associés le droit de délaisser; il est regrettable que le règlement n'ait pas non plus réglé ce point.

Examinons maintenant le second cas, celui où les statuts de l'association libre interdisent sa transformation, ou exigent pour son vote des conditions particulières, une majorité considérable par exemple, qui ne pourrait être réunie par suite de l'opposition d'un certain nombre d'associés. Il semble qu'alors la transformation soit absolument impossible, l'article 8 ayant réservé le cas de « dispositions contraires qui pourraient résulter de l'acte d'association », et que l'administration ne puisse donc l'opérer contrairement à ces dispositions. Et pourtant, sous l'empire de la loi de 1865, le préfet pouvait en

____

(1) Conseil d'État, 10 janvier 1872. Lebon, p. 5.
(2) Gain. *Op. cit.*, § 181.

quelque sorte tourner l'article 8 en provoquant simplement
la formation d'une nouvelle association autorisée, dans les
cas où elle était permise et sous les conditions fixées par
la loi ; par ce moyen détourné les associés n'étaient
pas tenus de subir une transformation à laquelle ils étaient
en droit de s'opposer, mais le résultat était exactement le
même, puisqu'ils se trouvaient englobés malgré eux dans
la nouvelle association autorisée ; il était loisible ainsi à
l'administration d'intervenir dans une hypothèse où son
intervention semblait à l'avance proscrite, et d'éluder la
règle formelle posée par l'article 8.

La loi de 1888 a-t-elle modifié cet état de choses ? Rien
dans ses termes mêmes ne nous l'indique ; les conditions
de majorité ont seulement été modifiées d'une façon générale par l'article 5 ; mais lorsqu'elles sont remplies, le
préfet n'en semble pas moins conserver le droit de constituer une association autorisée englobant l'ancienne
association libre. Toutefois dans une matière ou l'intervention de l'État s'exerce d'une façon aussi abusive,
noas ne pouvons passer sous silence les travaux préparatoires de la loi de 1888, qui paraissent indiquer que le législateur a senti les inconvénients d'un tel procédé. Un
amendement conçu dans ces termes avait été proposé au
Sénat : « Lorsque les statuts d'une association syndicale
libre porteront qu'elle ne pourra être convertie en association syndicale autorisée qu'en vertu d'une délibération
prise par l'assemblée générale à une majorité supérieure
à celle qui est exigée par les articles 12 de la loi du

21 juin 1865 et 5 de la présente loi, les membres de cette
association libre ne pourront être compris malgré eux
dans une association autorisée constituée par arrêté préfectoral en vertu de la présente loi.¹ Ils auront la faculté
de notifier au préfet leur opposition dans le mois qui sui-
vra la notification de l'arrêté préfectoral. Si, malgré cette
opposition, cet arrêté est maintenu, l'association libre
dont ils faisaient partie sera dissoute de plein droit, et les
droits de chacun des membres liquidés ». Si cet amendement avait été adopté, la situation était précise ; le préfet
ne pouvait englober malgré eux dans une association autorisée les propriétaires qui faisaient partie de l'association libre, et celle-ci se trouvait dissoute de plein droit :
ce qui devait donner à réfléchir à la majorité, forcément
peu intéressée à liquider une opération qui, encore en
cours d'exécution, ne pouvait avoir déjà produit des bénéfices. Mais l'auteur de l'amendement a consenti à le retirer,
sur cette explication fournie par le président de la Commission, « que l'article 5 du projet de loi n'apportait
aucune dérogation aux dispositions que nous considérons
comme libérales et en même temps favorables à la constitution d'associations syndicales libres. » Si l'on prenait
cette déclaration au pied de la lettre, on pourrait croire
que le droit que s'arrogeait l'administration était définitivement condamné ; il est difficile en effet de concevoir
qu'une disposition, qui permet d'englober dans une association autorisée des propriétaires qui ont inséré dans les
statuts de leur association leur volonté de ne se réunir

qu'en association libre, puisse paraître favorable à la constitution de ces associations libres, mais nous craignons plutôt que l'article 5, en n'apportant aucune dérogation aux dispositions de la loi de 1865, ne soit considéré comme ayant laissé à l'administration le droit dont elle jouissait auparavant ; et l'arrêt tout récent que nous avons cité *suprà* (1) atteste suffisamment la tendance du Conseil d'État à favoriser la transformation des associations libres en associations autorisées.

L'association libre qui se transforme jouit-elle de tous les droits et privilèges attribués aux associations autorisées, ou ne jouit-elle que de certains de ces privilèges, comme semble l'indiquer le texte de l'article 8, qui décide que les associations transformées jouiront des avantages accordés par les articles 15, 16, 17, 18 et 19 ? Le Conseil d'État a décidé, notamment par son arrêt du 13 mai 1881 (2), que l'association transformée n'en restait pas moins essentiellement une association libre, à laquelle se trouvaient attribués seulement les avantages résultant des articles 15 à 19 de la loi du 21 juin 1865, et consistant notamment dans l'entremise du percepteur des contributions directes, la compétence du Conseil de préfecture et la faculté d'expropriation ; elle ne pourrait, au contraire, exiger le concours de propriétaires qui se refusent à entrer dans l'association.

(1) Conseil d'État, 27 octobre 1893. Lebon, p. 711.
(2) Lebon, p. 500. D. P. 82, 3, 107 (Voir les notes).

Cet arrêt a soulevé de graves critiques, résumées dans une note sous l'arrêt. Deux sortes d'associations seulement, dit l'arrêtiste, sont reconnues par la loi, les associations libres et les associations autorisées, ces dernières placées sous la tutelle de l'administration, les premières entièrement dégagées au contraire de toute intervention administrative. Si l'on admet l'interprétation donnée par le Conseil d'État à l'article 8, on se trouve forcément amené à reconnaître l'existence de trois sortes d'associations, des associations libres et des associations autorisées d'abord, et en outre des associations restées libres, mais s'étant soumises dans une certaine mesure à l'intervention administrative en acquérant les avantages des articles 15 à 19. Or cela est contraire à la classification donnée par la loi ; l'indication par l'article 8 des avantages conférés par les articles 15 à 19 ne peut donc être que le rappel de certains de ces avantages, mais n'a pas pour effet de limiter les effets de la transformation régulièrement autorisée, en écartant l'application des autres articles relatifs au régime des associations autorisées.

Nous n'hésitons pas, malgré la force apparente de ces arguments, à approuver entièrement la jurisprudence du conseil d'État (1). Il est vrai, et c'est là le point délicat, que la loi de 1865 a prévu seulement deux catégories d'associations, mais a-t-elle pour cela entendu déclarer

____

(1) Cf. Aucoc. *Op. cit.* § 883. Gain. *Op. cit.* § 178. Note sous l'arrêt, dans Dalloz.

que certaines des prérogatives conférées aux associations autorisées ne pourront être accordées, sous certaines con. ditions, aux associations libres? (1) D'ailleurs, même en reconnaissant que cette disposition n'est pas absolument conforme au cadre que le législateur semblait s'être tracé, il n'en avait pas moins évidemment le droit de l'édicter; et les adversaires de la jurisprudence peuvent si peu contester les termes formels de l'article 8, que pour échapper à sa lettre même, ils tentent de lui attribuer un sens énonciatif au lieu du sens limitatif qui lui appartient sans aucun doute. Le texte de la loi de 1865 est donc indiscutable, mais en outre, et c'est pour nous le point le plus important, l'interprétation qui lui est donnée par la jurisprudence nous paraît être la seule à assurer le respect des règles édictées pour la constitution des associations libres et autorisées. S'il n'est plus exact aujourd'hui, comme le disait M. Aucoc sous le régime de la loi de 1865, que le domaine des associations autorisées soit plus restreint que celui des associations libres, il n'en reste pas moins vrai que des formalités particulières et multiples sont exigées pour

---

(1) Nous n'insistons pas sur ce point; mais ne pourrait-on pourtant admettre que le législateur, après avoir établi deux sortes d'associations, ait ajouté ensuite, dans l'intérêt des associations libres : Dans le cas où celles-ci voudront se soumettre dans une certaine mesure au contrôle de l'Administration, elles jouiront, dans une certaine mesure aussi, de la protection que celle-ci accorde aux associations autorisées? Il n'y aurait peut-être pas là une disposition incompatible avec la division faite par la loi de 1865, et il n'y aurait pas pour cela constitution d'une association mixte.

leur constitution, et ces formalités ont été encore renforcées par la loi de 1888 : les conditions de majorité ont été rendues plus difficiles à obtenir ; l'avis des corps électifs et la déclaration d'utilité publique peuvent être nécessaires. Or si l'association libre peut se transformer en une véritable association autorisée, les promoteurs d'une association trouveront dans la faculté de cette transformation le moyen d'éluder toutes les règles mises à la constitution d'une association autorisée : ils formeront d'abord une association libre, et ils se contenteront ensuite de demander l'autorisation prévue par l'article 8. Et pour justifier un résultat aussi inique, on ne pourrait s'appuyer que sur la division générale des associations en libres et en autorisées, on serait forcé de méconnaître les termes précis de l'article qui attribue aux associations autorisées uniquement le bénéfice des articles 15 à 19, marquant ainsi l'intention du législateur de ne pas leur accorder sans conditions les privilèges qui n'appartiennent aux associations autorisées qu'après de nombreuses formalités (1).

Sous prétexte de respecter la loi, on contredirait donc formellement le principe qui, en 1888 comme en 1865, a été étroitement maintenu par le législateur : Les droits individuels ne peuvent être sacrifiés à l'intérêt général que lorsque l'utilité en a été constatée dans les formes voulues par la loi. C'est seulement en respectant ce principe que

(1) C'est ainsi d'ailleurs que la circulaire ministérielle interprétait également l'article 8.

l'on appliquera justement et scrupuleusement les textes, et l'intérêt général ne doit exiger le sacrifice des intérêts particuliers que dans la mesure où la loi elle-même en a consacré la nécessité..

CHAPITRE QUATRIÈME

I. — Associations libres.

L'organisation et le fonctionnement des associations
libres ne sauraient, de même que leur constitution, nous
arrêter longtemps. Leur organisation, aux termes de l'article 5 de la loi de 1865, est toute entière établie par
l'acte d'association ; quant à leur fonctionnement, il est
régi par les règles du droit civil, ainsi que le rappelait le
ministre dans sa circulaire du 12 août 1865 : « Les associations syndicales libres, formées par application des articles
5, 6 et 7, jouissent du bénéfice des articles 3 et 4, qui leur confèrent sans doute des droits importants ; mais elles n'en conservent pas moins le caractère d'associations privées. Ainsi,
soit pour le recouvrement des cotisations, soit pour le jugement des contestations relatives à la répartition et à la
perception des taxes, soit pour l'acquisition des terrains et
l'établissement des servitudes, elles restent placées sous
le régime du droit commun, et ne disposent d'aucun des

moyens d'action que peut conférer l'intervention de l'autorité
publique ». Ce sont donc des sociétés civiles, absolument
libres dans les limites qu'elles se fixent à elles-mêmes par
leurs statuts (1), et l'action de l'autorité administrative ne
s'exerce sur elles ni activement ni passivement. Ainsi, d'une
part le préfet n'intervient en aucune façon dans leur gestion ;
mais d'autre part aussi leurs recouvrements s'opèrent dans
les formes ordinaires du droit civil, leurs travaux s'exécutent dans les conditions ordinaires et elles ne peuvent
user de la faculté d'expropriation ; leurs contestations aussi
sont bien entendu de la compétence des tribunaux civils.

On a soutenu pourtant qu'il existait un cas où les associations libres tombaient dans la main de l'administration, et M. Gain, qui s'est fait le partisan de cette opinion (2), s'appuie sur l'article 25 de la loi de 1865, ainsi
conçu : « A défaut par une association d'entreprendre
les travaux en vue desquels elle aura été autorisée, le
préfet rapportera, s'il y a lieu et après mise en demeure,
l'arrêté d'autorisation. Il sera statué par un décret rendu
en Conseil d'État, si l'autorisation a été accordée en cette
forme. Dans le cas où l'interruption ou le défaut d'entretien des travaux entrepris par une association pourrait
avoir des conséquences nuisibles à l'intérêt public, le
préfet, après mise en demeure, pourra faire procéder

____

(1) Nous reviendrons à la fin de cette étude sur la discussion de
cette question, au point de vue général.

(2) *Op. cit.* § 319.

d'office à l'exécution des travaux nécessaires pour obvier
à ces conséquences. » Les termes généraux de cet article,
dit M. Gain, embrassent certainement toutes les associations,
et il y a un motif supérieur d'intérêt public qui justifie l'intervention administrative, s'il s'agit de travaux qu'un syndicat
libre devrait exécuter ou entretenir. Mais les termes de cet
article sont-ils vraiment aussi généraux, et ne semble-t-il
pas au contraire que le rappel de l'acte d'autorisation qui y
est deux fois contenu en restreigne l'application aux seules
associations autorisées? Et peut-on vraiment admettre que
l'autorité administrative qui n'a de l'avis général aucune
part ni dans la constitution ni dans l'organisation de l'association libre, ait néanmoins le droit de surveiller son
fonctionnement, et de diriger l'entreprise en somme à son
gré, puisqu'elle sera forcément juge souverain de l'exécution et de l'entretien des travaux exécutés?

II. — Associations autorisées.

« Votre commission a adopté comme principe quatre
points qu'elle a cherché à faire passer dans la loi :
1º l'intérêt dans l'association dérive de la propriété; 2º la
représentation de la propriété doit être proportionnelle à
l'intérêt; 3º le choix des syndics doit régulièrement appartenir à l'assemblée générale des intéressés; 4º l'action
des syndics doit être libre, sauf l'intérêt public. » Tels
sont les principes qu'exposait le rapporteur de la loi de 1865,

et il ajoutait : « Des dispositions qui doivent être communes à des matières si diverses devaient nécessairement
conserver un caractère de généralité, afin de rester applicables à chacune. Peut-être eût-il été convenable de régler
la représentation de la propriété et l'organisation des syndicats pour chaque matière spécialement ; mais l'acte
constitutif de l'association suppléera, dans tous les cas, à
ce qui ne pourra être facilement prévu par la loi, qui en
fait du reste une prescription. » Nous savons qu'aujour-
d'hui c'est le règlement de 1894 qui détermine, et d'une
façon très complète, les points qui doivent être essentiellement prévus par l'acte constitutif de l'association.

Pour le moment, nous voulons retenir seulement deux
points de cet exposé de principes : l'action des syndics
doit être libre, sauf l'intérêt public, et l'acte constitutif
doit déterminer, dans un cadre qui lui est indiqué, le
mode de fonctionnement de l'association, afin que le préfet
n'autorise que celle qui se sera conformée aux règles tra-
cées par la volonté de l'autorité administrative. Eh bien,
dans ces conditions, est-il permis de dire, comme des auteurs
l'ont soutenu, que l'association autorisée soit avant tout une
société privée, libre de s'administrer comme elle le juge à
propos, et que l'intervention de l'administration ne constitue pas une restriction à cette indépendance, parce
qu'elle ne se produit que dans des cas limitativement prévus, et qu'en principe l'association gère ses intérêts
comme elle l'entend ? Nous allons voir, et ce sera l'objet
de ce chapitre, toute l'importance et l'étendue de ces cas

prévus pour l'intervention de l'administration. Mais en dehors de ces cas même, est-ce bien une liberté que celle qui ne peut s'exercer que dans la limite des statuts, alors que le contenu de ces statuts est, comme nous l'avons vu, en quelque sorte imposé par l'autorité administrative, investie du pouvoir souverain de refuser le bénéfice de l'autorisation à l'association qui ne consent pas à se voir délimiter à l'avance la liberté dont elle jouira?

Le gouvernement avait senti, dès les premières applications de la loi de 1865, la nécessité de ne pas laisser le préfet de chaque département maître absolu de l'existence et de la réglementation des associations syndicales soumises à son autorisation ; il ne pouvait pourtant faire régler la matière par un règlement d'administration publique, aucune délégation n'étant contenue dans la loi. Il pensa alors à remédier à cette situation en faisant dresser des modèles d'acte d'association que les préfets seraient invités à fournir aux promoteurs des associations, et aux grandes lignes desquels celles-ci seraient tenues de se conformer pour obtenir l'autorisation : une commission fut instituée à cet effet en 1866, mais sans résultat ; en 1877 seulement, le Conseil général des ponts et chaussées et la section des Travaux publics du Conseil d'État ont eu à examiner un modèle présenté par une nouvelle commission ; ce modèle, destiné à mettre de l'unité dans la pratique administrative, fut transmis aux préfets par circulaire ministérielle du 13 décembre 1878. La loi du 22 décembre 1888 a enfin régularisé cette situation en donnant au gouvernement, comme nous le savons, la délégation que la loi de 1865 lui avait refusée ; c'est donc dans le décret de 1894 que sont écrites aujourd'hui les règles de l'organisation et du fonctionnement des associations autorisées.

Les organes de l'association, d'abord : « L'association syndicale, dit l'article 21 du règlement, a pour organes administratifs l'assemblée générale, le syndicat et le directeur. » A cette énumération on peut ajouter le receveur, qui est à la fois agent comptable, comme chargé du paiement des dépenses et du recouvrement des taxes sous sa responsabilité personnelle, et agent administratif, comme préparant les rôles annuels que le syndicat aura ensuite à arrêter définitivement.

Nous savons déjà quelle est la composition de l'assemblée générale des intéressés, et nous n'avons donc pas besoin de rappeler que l'article 20 de la loi de 1865 l'a fixée d'après cette règle, que l'intérêt dérive de la propriété ; les articles 22 à 31 du règlement sont venus combler les lacunes de la législation, en déterminant les conditions dans lesquelles elle sera réunie et tenue ; c'est ainsi qu'il a été décidé avec raison, pour éviter le renouvellement des procédés de certains syndicats qui cherchaient à échapper au contrôle de l'ensemble des associés, que l'assemblée se réunirait annuellement à l'époque fixée par les statuts, à défaut dans la première quinzaine d'avril, ou même à toute époque sur la demande du préfet ou de

la moitié au moins de ses membres ; le représentant de
l'administration jouit donc ici encore du pouvoir de provoquer la convocation de l'assemblée, et l'exercice de ce
pouvoir est assuré par le droit qui lui est accordé de procéder d'office aux convocations, si le directeur s'y refuse ;
c'est ainsi aussi que l'article 29 fixe le nombre de voix nécessaire pour que l'assemblée soit valablement constituée, et
toutes les règles applicables au mode de vote et au calcul
de la majorité. Enfin l'article 31 a une trés grande importance, au point de vue qui nous occupe ; il détermine en
effet les objets sur lesquels l'assemblée générale délibère,
et il ordonne en termes formels la communication de ces
délibérations à l'administration. Nous croyons donc bon
de reproduire cet article, ainsi conçu : « L'assemblée générale délibère 1° sur les emprunts qui soit par eux-mêmes, soit réunis aux emprunts non encore remboursés,
dépassent le maximum de ceux qui peuvent être votés par
le Syndicat ; 2° sur les propositions de dissolution ou de
modification de l'acte d'association prévues au chapitre 3
du présent titre ; 3° sur toutes les questions dont la solution peut lui être réservée par les statuts. Elle se prononce
sur la gestion du syndicat, qui doit à la réunion annuelle
lui rendre compte des opérations accomplies pendant
l'année ainsi que de la situation financière.

Dans les réunions extraordinaires l'assemblée générale
ne peut délibérer que sur les questions qui lui sont soumises par le syndicat ou le préfet, et qui sont expressément mentionnées dans les convocations.

Copie des délibérations de l'assemblée est transmise
dant le délai de huit jours au préfet »,

Cet article atteste en effet le double but qui a été poursuivi dans la confection du règlement de 1894 : soustraire
les associés à l'influence des promoteurs de l'association
et des syndics élus, en conférant le contrôle à l'assemblée
générale, mais aussi en la plaçant elle-même sous la surveillance de l'administration. Les actes importants de la
vie civile ne peuvent être confiés entièrement aux seuls
syndics, qui conservent le rôle qui doit leur appartenir
d'administrateurs, mais doivent soumettre l'appréciation
de ces actes à l'assemblée générale; quant à l'envoi au
préfet de la copie des délibérations prises, il n'est pas
exigé seulement dans le cas où l'approbation de ce fonctionnaire est indispensable, mais dans tous les cas, afin
que l'administration puisse être constamment tenue au
courant des opérations effectuées par l'association.

Les syndics appartiennent, comme nous l'avons vu, à
deux catégories bien distinctes : ceux qui sont nommés
par l'assemblée générale, ou à défaut par le préfet, et
ceux dont la désignation appartient aux personnes morales ayant subventionné l'association, et dont le nombre
est proportionné à l'importance de ces subventions (1).

---

(1) Nous avons déjà indiqué que la loi de 1865 n'attribuait ce droit
qu'à l'État, aux départements et aux communes, et en confiait l'exercice
au préfet, tandis que la loi du 22 décembre 1888 n'en a laissé l'exercice à ce dernier que dans le cas où la subvention est accordée par
l'État; lorsqu'elle est fournie par le département ou la commune, la

Dans le silence de l'acte constitutif de l'association, aucun texte ne contraint l'assemblée à choisir les syndics qu'elle nomme parmi les intéressés : il y a toute apparence d'ailleurs pour qu'elle le fasse ; quant aux syndics de la seconde catégorie, il est naturel que les personnes morales auxquelles appartient leur nomination puissent les choisir à leur gré, puisque leurs fonctions consisteront essentiellement à surveiller l'emploi par l'association des subventions qui lui sont allouées. La loi s'est bornée à indiquer que le nombre des syndics de cette catégorie serait proportionné à la part que ces subventions représentent dans l'entreprise, et on a signalé une conséquence assez fâcheuse de cette prescription : c'est que dans le cas où la subvention ou l'ensemble des subventions constituerait plus de la moitié du capital, le nombre des syndics étrangers se trouverait supérieur à celui des syndics nommés par l'assemblée, et la direction de l'association n'appartiendrait plus aux intéressés ; le danger apparaît plus grand encore dans le cas où une part supérieure à la moitié du capital aurait été fournie par l'Etat ; la majorité des syndics serait alors nommée par le préfet, et pourrait être choisie en dehors des intéressés : dans ce cas, l'Etat, en paraissant se borner à subventionner une entreprise collective et privée, la transformerait bien en réalité en un organe de l'administration.

nomination appartient à la Commission départementale ou au Conseil municipal ; de plus, le même droit a été conféré dans les mêmes conditions, aux Chambres de commerce.

Si la proportionnalité prescrite par l'article 23 n'est pas observée, à quelle juridiction appartiendra-t-il de la faire respecter? D'après un système, la contestation faite par un des intéressés soulèverait une question de validité du pacte social, et devrait en conséquence être portée devant le Conseil de préfecture, dans le délai fixé; de son côté, le syndicat pourrait se pourvoir auprès du ministre, et en cas de rejet, déférer sa décision au Conseil d'État. D'après un second système, plus généralement adopté, cette contestation ne soulèverait pas une question de validité du pacte social, mais une simple question préjudicielle d'organisation intérieure; elle ne ne saurait donc être portée devant le Conseil de préfecture, dont la compétence doit toujours être déterminée par un texte formel, et devrait être tranchée par le ministre des Travaux Publics, sauf recours au Conseil d'État.

Enfin l'article 24 édicte que les syndics éliront l'un d'entre eux, pour remplir les fonctions de directeur, et s'il y a lieu, un directeur adjoint.

La détermination des diverses catégories de syndics, leur mode de nomination, et le choix par eux d'un directeur, voilà quelle avait été toute l'œuvre législative quant à l'organisation de ce rouage si important de l'administration syndicale; quant aux rapports des syndics avec l'assemblée générale, la loi n'avait fixé aucune règle, conférant ainsi au syndicat une autorité qui, pour s'exercer utilement, doit être contrôlée par tous les intéressés eux-mêmes, ou préparant des conflits qui entraveraient l'œuvre entreprise par l'association. L'assemblée générale, le syndicat et le directeur, tels sont en effet les trois organes de la personne civile créée par la loi; il ne suffit pas de les instituer pour leur permettre de faire œuvre utile, il fallait de toute nécessité régler la part de chacun et leurs attributions respectives; qu'on songe à ce que serait l'organisation du département si la loi s'était contentée de lui donner comme représentants le Conseil général, la Commission départementale et le préfet, sans déterminer les rapports qui doivent exister entre eux ! Ces points d'une si grande importance ont été fixés, comme l'avait été le rôle de l'administration, par le décret du 9 mars 1894, qui a donné la confirmation législative à la plupart des règles posées par le modèle de 1878. L'exposé de ces règles ne constituerait guère qu'une reproduction des nombreux articles du règlement, beaucoup plus complets et plus détaillés qu'un texte législatif; il nous appartient donc seulement de rechercher le système général adopté et ses caractères distinctifs.

L'administration est divisée en deux parties qui ne sont d'ailleurs pas nettement délimitées : l'administration délibérative qui appartient à l'assemblée générale, et l'administration active, représentée par le syndicat et le directeur.

L'assemblée générale est, dans l'esprit du règlement, l'incarnation même de l'association; c'est elle qui délègue l'administration active aux syndics, en les nommant et en pouvant même les remplacer, comme nous l'avons vu et discuté, avant l'expiration de leur mandat; elle exerce en outre diverses fonctions de contrôle suprême, en délibérant sur certains actes dont l'accomplissement a paru ne pouvoir être exclusivement confié à l'administration active ; c'est à ce titre que l'assemblée délibère sur les emprunts qui dépassent le maximum imposé au syndicat, maximum établi pour permettre aux syndics de ne pas recourir trop fréquemment à l'assemblée générale, et de se procurer eux-mêmes les ressources nécessaires, tout en les maintenant dans des limites qui les empêchent de compromettre les finances de l'association. Si des emprunts plus considérables deviennent indispensables, ce qui est fréquent dans des entreprises dont le résultat pécuniaire est toujours à longue échéance, l'assemblée générale aura à les approuver, ainsi qu'à déterminer les conditions dans lesquelles le syndicat sera autorisé à les contracter. Elle délibère encore sur les propositions de dissolution ou de modification de l'acte d'association, sur les questions qui lui sont réservées par les statuts, et enfin sur la gestion financière du syndicat. Sur ce dernier point, il est bon de remarquer, comme l'a fait M. Picard (1), que, malgré les termes de l'article 31 du décret, qui spécifie que l'assemblée « se prononce » sur cette question, elle n'a pas le pouvoir d'annuler les actes accomplis par les syndics, dans l'exercice de leurs attributions. En conséquence, elle ne peut que refuser platoniquement d'approuver le fait accompli, et la seule sanction qui puisse appartenir à sa

____

(1) *Op. cit.* T. IV, p. 143.

délibération consistera pour elle à remplacer les syndics dont la gestion lui semble contraire aux intérêts de l'association. A ce point de vue, la disposition qui lui permet de les remplacer avant l'expiration de leur mandat a une importance capitale.

Il importe aussi de remarquer, dans le même ordre d'idées, que l'article 35 a comblé une lacune de la loi, en décidant que tout syndic qui, sans motifs reconnus légitimes, aurait manqué à trois réunions consécutives, pourrait être déclaré démissionnaire ; on évitera ainsi la négligence ou l'inaction du syndicat, plus dangereuse parfois pour l'association que sa mauvaise administration. Mais l'article 35 a omis de désigner l'autorité qui déclarera le syndic démissionnaire ; sera-ce le préfet ou l'assemblée ? Il semble bien, en présence de la disposition qui permet à l'assemblée de remplacer les syndics avant l'expiration de leur mandat, que le droit de les déclarer démissionnaires doive également lui appartenir ; d'ailleurs, reconnaître ce droit au préfet serait reconnaître à l'administration une faculté nouvelle d'intervention qui ne peut résulter que d'un texte formel.

C'est donc sous le sévère contrôle de l'assemblée générale que le syndicat, pouvoir exécutif responsable, gouverne l'association ; l'article 36 du règlement lui confère les attributions les plus étendues, en disant qu'il règle par ses délibérations les affaires de l'association. Le même article donne une longue énumération des principales de ces attributions, nomination des agents, à l'exception du receveur, vote du budget et des emprunts, approbation des marchés, qu'il serait inutile de reproduire ici, puisque ce texte n'a pas un caractère limitatif; le syndicat, organe actif de l'association, est chargé de l'exécution de tous les actes de sa vie civile, avec pouvoir réglementaire, sauf dans les cas où une approbation est requise par les statuts, et sous sa pleine responsabilité vis-à-vis de l'assemblée générale.

Le syndicat étant un conseil collectif devait avoir comme représentant un fonctionnaire unique, chargé d'une part de constituer la personnification de l'assemblée aux yeux des tiers, et d'autre part de diriger les détails de l'entreprise avec l'autorité et l'esprit de suite qui ne peuvent appartenir à une collectivité. Le directeur, dont l'article 40 du règlement précise les attributions, est donc par sa fonction chargé d'un double rôle ; il est placé à la tête du syndicat et de l'assemblée générale dont il dirige les délibérations, et qu'il représente en dehors des époques de leurs réunions ; il a l'initiative des opérations multiples dont il devient ensuite l'agent d'exécution, et est en conséquence placé sous la surveillance du syndicat auquel il rendra chaque année compte de son administration, tant en ce qui concerne les travaux qu'il a été chargé d'exécuter qu'en ce qui concerne la gestion financière qu'il exerce en préparant le budget et en ordonnançant les dépenses que le receveur aura mission de payer.

Enfin, en ce qui concerne le dernier des organes administratifs, le receveur syndical, le règlement a définitivement accordé au syndicat le droit de le choisir, droit qui devait auparavant lui être concédé par un décret spécial d'autorisation dans le silence de la loi. Le receveur peut être, soit un percepteur des contributions directes, soit un receveur spécial ; dans le premier cas, le préfet le nomme sur la proposition du syndicat ; dans le second cas, il donne seulement son agrément au choix fait par le syndicat. Malgré les avantages multiples que présente le choix d'un percepteur, surtout pour le recouvrement de taxes qui seront perçues dans la forme des contributions directes, la jurisprudence a maintenu les droits les plus étendus au syndicat pour le choix de son receveur ; elle a refusé notamment de reconnaître une prétendue incompatibilité entre la qualité de membre d'un conseil général ou d'agent salarié sur les fonds départementaux et celle de receveur syndical (1).

La principale fonction du receveur consiste à préparer le rôle qui sera arrêté par les syndics et rendu exécutoire par le préfet ; il poursuit ensuite le recouvrement des taxes et acquitte les dépenses ordonnancées par le directeur, le tout sous sa responsabilité personnelle.

Peut-on comparer ces divers organes de l'administration syndicale que nous venons de passer en revue aux organes administratifs d'une commune, quant à leur organisation et quant à leurs rapports respectifs ? Voici ce que disait

(1) Conseil d'État, 25 mars 1887. Lebon, p. 264.

à ce sujet M. Aucoc (1), à une époque, il est vrai, où le règlement de 1894 n'existait pas encore ; mais son appréciation n'en conserve pas moins toute sa valeur aujourd'hui au point de vue général, puisque le règlement a été rédigé conformément à l'esprit qui avait inspiré les modèles de 1878, sur lesquels s'appuyait M. Aucoc : « Il ne serait pas exact de dire que l'assimilation est complète entre la commune et l'association syndicale à ce point de vue, de dire que les syndics ont la délibération comme le conseil municipal, et que le directeur a l'exécution comme le maire. Le syndicat est à la fois pouvoir délibérant et agence collective pour certains actes.

Ainsi, il doit toucher à quatre points, à des questions de personnel, de travaux, de finances, de procès.

En ce qui concerne le personnel, il peut y avoir lieu de désigner des experts pour fixer les bases de la répartition des dépenses d'après l'intérêt de chaque propriété aux travaux ; c'est le syndicat qui désigne les experts. Il désigne l'homme de l'art sous la direction duquel s'exécutent les travaux. Il décide si l'association aura un caissier particulier ou si elle confiera au percepteur des contributions directes le maniement de ses fonds. Il peut y avoir à nommer des gardes pour surveiller la manœuvre des prises d'eau, par exemple, en cas d'irrigation, et empêcher la dégradation des ouvrages. C'est lui qui les nomme.

Pour les travaux, il approuve les projets, il décide le

____

(1) *Op. cit.* T. II, § 895.

mode d'exécution; il charge un de ses membres de les
surveiller, de concert avec le directeur. Il délibère sur les
acquisitions de terrains nécessaires pour l'exécution des
travaux.

Pour les finances, il règle le budget, contracte les emprunts, reçoit le compte administratif du directeur et le
compte en deniers du trésorier de l'association et prépare
le rôle de répartition des dépenses entre les intéressés.

Pour les procès, il décide s'il y a lieu d'intenter ou de
soutenir les procès au nom de l'association syndicale.

La part de pouvoir exécutif laissée au directeur est, par
conséquent, sensiblement réduite. Le directeur a la surveillance générale des intérêts de l'association, la conservation des registres, papiers et plans; il convoque et préside le syndicat et l'assemblée générale, il représente
l'association en justice, en vertu des délibérations du syndicat, il assiste aux adjudications de travaux, il doit signer
les marchés, quand ce n'est pas le préfet qui préside l'adjudication. Il délivre les mandats de paiement pour les
sommes dues par l'association.

De plus, dans le décret précité (décret du 7 avril 1866,
conforme aux modèles ordinaires), un article spécial lui
donne le pouvoir d'ordonner les travaux en cas d'urgence,
à charge d'en rendre compte sans retard au syndicat et au
préfet. Toutefois, le préfet peut suspendre l'exécution de
ces travaux. »

M. Aucoc est néanmoins d'avis qu' « il y a une certaine
analogie entre les communes et les associations syndicales.

Les unes et les autres sont des communautés territoriales.
Les associations syndicales ont, il est vrai, un but plus
limité ; la communauté est restreinte à un objet spécial et
la circonscription est différente. Mais on est assez fondé à
caractériser les associations syndicales en disant que ce
sont des communes spéciales. Il s'ensuit qu'il est raison-
nable de poser, pour l'organisation et la marche des syndicats, des règles analogues à celles qui ont été établies
pour les communes, en les appropriant à la spécialité du
rôle des syndicats. » (1)

Ces règles ont été si bien appropriées à la spécialité du
rôle des associations syndicales que l'on ne retrouve plus,
à notre avis du moins, l'analogie qu'indiquait M. Aucoc.
L'éminent auteur a mis d'ailleurs lui-même en lumière la
différence principale qui distingue l'administration syn--
dicale de l'administration communale, la réunion dans les
mêmes mains du pouvoir exécutif et du pouvoir délibératif. On peut ajouter que l'on ne trouve pas dans l'organisation de la commune ces deux assemblées, l'assemblée
générale et le syndicat : le Conseil municipal est seul pouvoir délibératif ; quant au maire, il exerce également seul
les attributions qui appartiennent les unes au syndicat et
les autres au directeur. Enfin le rôle de l'administration
est loin d'être aussi étendu vis-à-vis de la commune que
vis-à-vis de l'association ; quoique l'exposé des motifs de
la loi du 21 juin 1865 ait déclaré que le moment était venu

(1) § 892.

de donner l'essor à l'esprit d'entreprise et d'initiative privée, quoique le réglement de 1894 semble poser en principe que le seul acte de la vie civile pour lequel soit requise l'intervention administrative soit l'emprunt, nous avons déjà vu et nous verrons encore, en étudiant le mode d'action des associations autorisées, leur gestion matérielle et financière, combien ce rôle est prédominant, et surtout combien il existe peu d'actes que l'association exécute avec une certaine liberté, soit que l'approbation lui soit nécessaire, soit qu'elle ait été contrainte de déterminer à l'avance dans ses statuts, par conséquent sous le contrôle de l'administration, la part de liberté dont elle jouirait.

A ces divers points de vue, il nous paraît donc difficile de justifier l'assimilation et même la simple analogie que l'on a voulu voir entre ces deux sortes de personnes civiles administratives ; l'organisation même de l'association syndicale et de la commune a d'abord toujours été différente, et en ce qui concerne les attributions de leurs représentants respectifs, la dissemblance s'est encore accusée sous l'empire de la législation et de la règlementation nouvelles ; il nous paraît préférable de reconnaître que l'organisation syndicale, malgré l'œuvre du Conseil d'Etat et les éclaircissements fournis par de savants commentateurs, n'a pas été conçue suivant un plan nettement déterminé comme celui qui avait inspiré la loi du 5 avril 1884 sur l'organisation municipale, et que les auteurs du règlement de 1894, en adoptant la plupart des dispositions contenues dans les modèles de 1878, ont poursuivi le même but essentiellement pratique : décharger les finances publiques en développant l'initiative des particuliers et en les invitant à accomplir eux-mêmes les travaux dont ils sont appelés à profiter, mais maintenir un contrôle sévère de ces entreprises entre les mains de l'administration dans l'intérêt public.

CHAPITRE CINQUIÈME

Le caractère d'intérêt public qui s'attache aux travaux entrepris par les associations syndicales autorisées et le concours que leur prête l'autorité administrative devaient leur valoir l'attribution de moyens d'action plus étendus et plus puissants que ceux dont jouissent les associations syndicales libres et d'une façon générale les sociétés particulières. Les faveurs que leur a accordées le législateur confèrent à ces associations une part de la puissance publique; elles justifient ainsi le rôle que les pouvoirs publics devaient se ménager dans leur administration. Pour recouvrer leurs dépenses sur les associés, les associations autorisées jouissent du droit d'établir des taxes qu'elles perçoivent dans la forme des contributions directes; leur régime financier est soumis à des règles particulières; leurs travaux ont le caractère de travaux publics et les privilèges inhérents à ce caractère; enfin la loi leur a facilité l'exercice de certaines servitudes d'utilité agricole.

I. — Des taxes syndicales.

Les associés doivent tous participer, cela est évident, aux charges de l'association, qui comprennent, en dehors même des travaux pour lesquels elle a été constituée, une foule de dépenses accessoires et souvent considérables, telles que les intérêts des emprunts et les frais généraux d'administration. Le principe de la solidarité est étroitement maintenu par le Conseil d'Etat, qui a même décidé qu'un associé devait supporter sa part des frais d'un procès que l'association avait intenté contre lui et perdu (1). D'une façon générale, d'ailleurs, les dépenses de l'association, affectées à des travaux régulièrement exécutés, doivent être réparties entre les propriétaires de façon que la part de chacun soit proportionnelle au degré d'intérêt qu'il a dans l'association ; un membre de l'association n'est pas recevable à demander décharge de sa part contributive par le seul motif qu'il n'aurait aucun intérêt à l'exécution de certains travaux (2).

Le chiffre de la somme à demander à chaque associé une fois déterminé, l'association n'aura pas besoin d'en poursuivre le recouvrement devant les tribunaux judiciaires ; elle obtiendra du préfet un titre exécutoire qui lui permettra de percevoir ses taxes dans la forme des con-

(1) Conseil d'État, 23 février 1877. Lebon, p. 196.
(2) Conseil d'État, 20 avril 1883. Lebon, p. 380.

tributions directes, et de soumettre les contestations qui pourraient être soulevées à l'occasion de ce recouvrement aux tribunaux administratifs.

1° Répartition.

Comment s'opère la répartition des taxes entre les associés ? quelle garantie leur sera donnée de l'exacte proportionnalité des taxes qui leur sont imposées ? La loi du 21 juin 1865 a négligé de déterminer les opérations nécessaires pour établir cette répartition, comme l'avaient fait la loi du 21 avril 1832 pour la contribution foncière, la loi du 16 septembre 1807 pour les indemnités de plus-value auxquelles donne lieu le dessèchement des marais. La question s'est alors posée, après la loi de 1865, de savoir si on ne devait pas continuer à appliquer les formalités protectrices de la loi de 1807, et la controverse a porté notamment sur le maintien ou la suppression des commissions établies sous le nom de commissions spéciales, qui réunissaient d'importantes attributions à la fois contentieuses et administratives. D'après les articles 7 à 20 de la loi de 1807, des experts et des ingénieurs devaient tout d'abord déterminer le périmètre, qu'ils divisaient ensuite en classes suivant le degré d'intérêt ; après enquête et approbation préfectorale, on procédait à l'estimation de la valeur relative de chacune de ces classes, qui était ensuite homologuée par une commission spéciale composée de cinq membres nommés par le Gouvernement ; outre ce droit d'homologation, cette commission était encore chargée de statuer sur les réclamations que pourraient présenter les intéressés.

Nous ne saurions entrer ici, sans développements inutiles, dans le détail des diverses opinions qui se sont produites sur cette question, qui n'était qu'une question de texte et ne présente plus qu'un intérêt historique en ce qui concerne les associations autorisées conformément à la loi de 1865 (1) ; pour celles-ci il est admis en effet aujourd'hui d'une façon absolument générale que l'intervention des commissions spéciales a été supprimée d'une façon absolue à leur égard ; les travaux préparatoires de la loi de 1865, tant à la Chambre qu'au Sénat, en font foi, et M. Boinvilliers, rapporteur au Sénat, a déclaré « qu'aux termes de l'article 26 de la loi, les commissions spéciales de la loi de 1807 sont supprimées et remplacées, en règle

______

(1) En ce qui concerne les syndicats constitués sous l'empire de la loi de 1807, qui ne rentrent pas dans le cadre de cette étude, on est d'accord, en présence de la généralité de l'art. 16 de la loi de 1865, pour admettre la suppression des fonctions contentieuses de ces commissions ; mais ont-elles conservé leurs fonctions administratives, c'est-à-dire le droit d'homologuer le procès-verbal d'estimation par classe des terrains engagés et de fixer la base de la répartition de la dépense entre les associés ? Sauf M. Gain (*Op. cit.*, notamment § 82 à 88), la doctrine s'est unanimement prononcée pour le maintien de ces attributions, et le Conseil d'État a sanctionné ce système d'abord par un avis du 15 janvier 1878 (D. P. 79, 3, 89) ; ensuite au contentieux par une jurisprudence constante (16 mars 1883. Lebon, p. 282. 1er août 1884. — Lebon, p. 613).

générale, par les Conseils de préfecture et dans certains
cas d'éviction, par le jury d'expropriation. »

Le règlement de 1894 est muet sur les Commissions
spéciales, ce qui confirmerait encore, si cela était nécessaire, l'évidence de leur suppression absolue ; il néglige
également d'indiquer la méthode à suivre pour opérer la
répartition des dépenses, se contentant de décider que le
syndicat peut procéder aux opérations nécessaires pour
déterminer les bases d'après lesquelles les taxes seront réparties entre les intéressés, et que ces bases devront
être établies de telle sorte que chaque propriété soit imposée en raison de l'intérêt qu'elle a à l'exécution des
travaux ; il laisse donc le choix des moyens à l'initiative
du syndicat. Ce silence s'explique d'ailleurs par la difficulté de fixer des règles communément applicables à
toute espèce d'associations ; ainsi que le fait remarquer
M. Picard (1), il arrivera même le plus fréquemment que
dans la pratique on ne tiendra pas compte de la règle que
la contribution de chacun doit être proportionnelle à son
intérêt ; l'acte d'association stipulera que les dépenses seront réparties d'après le volume d'eau souscrit ou d'après
la surface engagée, plus faciles à calculer à l'avance que
l'intérêt de chacun. Mais cette clause, si elle est valable
dans les associations constituées par l'unanimité des associés, ne semble pas pouvoir avoir force légale dans les cas
où la majorité a usé de son droit de coercition ; la minorité

(1) *Op. cit.* T. IV, p. 183.

pourrait alors invoquer l'article 41 du règlement de 1894 pour refuser le paiement d'une contribution qui n'aurait pas été fixée proportionnellement à l'intérêt de chaque propriété.

Le Conseil d'État admet d'ailleurs le droit pour l'association d'imposer, sans violer le principe de la proportionnalité, des surtaxes à ceux qui viendraient postérieurement se joindre à une association en fonctionnement. Il a, en effet, par l'avis du 9 avril 1879, décidé que le gouvernement pouvait fixer un maximum à ces surtaxes, sanctionnant ainsi cette faculté qui se justifie en droit par la qualité d'adhérents volontaires qui appartiendra nécessairement aux futurs associés ; il ne peut donc y avoir ici coercition de la majorité sur la minorité.

En présence du peu de précision des règles édictées pour la répartition des dépenses, en présence surtout de la difficulté d'évaluer avec exactitude le degré d'intérêt de chacun, ces opérations doivent naturellement donner lieu à de fréquentes réclamations, auxquelles la juridiction du Conseil de préfecture est ouverte de la façon la plus large, comme nous le verrons plus loin. Il ne peut s'agir bien entendu ici, nous le remarquons encore une fois, que du cas où l'association a été imposée à la minorité par la majorité, et où les bases de la répartition ont été fixées par le syndicat, soit d'après sa propre appréciation, soit d'après un acte constitutif auquel la minorité s'est refusée à souscrire ; dans le cas au contraire où l'association a été constituée à l'unanimité, et où la répartition des dépenses a été fixée conformément aux règles fixées par l'acte d'association, les associés ne peuvent se plaindre d'un procédé d'évaluation qu'ils ont accepté ; ils ont alors réglé eux-mêmes la mesure dans laquelle ils contribueraient aux dépenses, et il n'appartiendrait à aucun tribunal de censurer l'accord intervenu entre tous les associés.

La loi de 1865 est restée muette sur le délai dans lequel ces réclamations doivent se produire. Il est certain que la validité des bases de répartition choisies par le syndicat ne peut être remise en question au moment du recouvrement de chacun des rôles successifs ; le Conseil d'État avait décidé que, conformément à l'article 28 de la loi du 21 avril 1832 sur les contributions directes, rendue applicable aux taxes syndicales par la loi du 21 juin 1865, les associés ne pourraient plus réclamer contre les bases de répartition trois mois après l'émission du premier rôle ayant fait application de ces bases de répartition (1). Cette jurisprudence avait été fort critiquée, et avec raison au moins quant au choix du texte sur lequel elle s'appuyait : l'art. 28 de la loi de 1832 ne vise que les contestations relatives à l'application des bases de répartition, et non celles qui mettent en question la validité même de ces bases, ces dernières étant régies par les ordonnances du 3 octobre 1821 et du 15 mars 1827, qui donnent un délai de six mois après la mise en recouvrement du premier

(1) 22 décembre 1882. Lebon, p. 1066.

rôle. L'article 43 du règlement a sanctionné l'esprit qui
avait inspiré la jurisprudence du Conseil d'État en adoptant le délai de trois mois. Les droits individuels des associés sont ainsi suffisamment protégés, et il est tenu un
compte nécessaire de l'intérêt général, qui exige la
prompte exécution des opérations constitutives du recouvrement, et par conséquent la rapide solution des contestations auxquelles elles peuvent donner lieu.

2° Mise en recouvrement.

Les associations autorisées jouissent de la faculté exorbitante du droit commun de recouvrer leurs taxes dans
la forme des contributions directes ; le législateur devait
donc réglementer cette faculté en ménageant à l'État un
contrôle étroit sur la délégation de puissance publique
ainsi accordée aux associations ; les articles 61 et 62 du
règlement ont complété l'article 15 de la loi de 1865 et
confirmé les règles posées par la jurisprudence du Conseil
d'État. Le rôle, préparé par le receveur conformément aux
bases de répartition régulièrement fixées, est arrêté par le
syndicat. Si le syndicat refusait de dresser le rôle, le Conseil d'État reconnaissait au préfet le droit de procéder à sa
confection ; le règlement a facilité sa tâche en lui permettant de nommer un agent spécial à cet effet. Si le syndicat
dresse le rôle, mais omet de prévoir le paiement de dépenses que le préfet a rendues obligatoires par un arrêté
d'inscription d'office, il lui appartient de modifier le mon-

tant des taxes déterminé par le syndicat, mais en se conformant, bien entendu, aux règles de proportionnalité prévues par la loi.

Le rôle une fois rendu exécutoire par le préfet est mis en recouvrement comme les rôles des contributions directes, et une publication est donc faite dans chaque commune à son de caisse et par voie d'affiches ; puis le receveur envoie aux contribuables un avertissement, et à défaut de paiement, une sommation sans frais précédant la contrainte et les autres actes de poursuite. En conséquence, le paiement est dû alors même que les bases de répartition ont été attaquées devant le Conseil de préfecture ou encore si l'associé a intenté une demande en décharge ou en réduction. Telle était la doctrine du Conseil d'État (1), alors qu'il admettait que la publication du rôle faisait courir le délai de trois mois pour réclamer ; le règlement de 1894 ayant consacré ce système, la solution doit évidemment rester la même. Mais la jurisprudence du Conseil d'État décide équitablement qu'au cas où l'association syndicale, malgré une demande en décharge, aura poursuivi le recouvrement de la taxe intégrale, l'associé, s'il obtient décharge, n'aura pas à supporter les frais de cette poursuite (2). Cette doctrine avait été justifiée de la façon suivante par le rapporteur de l'affaire jugée : « Il est de principe que les décisions contentieuses sont déclaratives ; elles déclarent que

(1) 29 juin 1883. Lebon, p. 614 (2e espèce).
(2) 22 juin 1883. Lebon, p. 583.

le passé aurait dû être conforme à ce qu'elles reconnaissent ; le juge qui accorde une décharge en matière de taxes syndicales refait le rôle et supprime le titre jusqu'à concurrence de la cote indûment imposée ; donc, d'après les principes généraux du droit, la validité des poursuites dépend de la validité du titre en vertu duquel elles ont été exercées, et l'administration qui les exerce le fait à ses risques et périls ; s'il est reconnu qu'une cote n'est pas due, les frais de poursuites exercées pour obtenir le paiement doivent être restitués (1). »

L'associé qui aurait une créance contre le syndicat ne pourrait non plus invoquer la compensation pour se soustraire au paiement de la taxe (2). Les deniers des associations syndicales étant insaisissables comme ceux des établissements publics et de l'Etat, la compensation imposée à ces personnes morales quand elles sont débitrices constituerait vis-à-vis d'elles un mode d'exécution forcée, incompatible avec l'organisation administrative. L'association créancière pourrait au contraire invoquer la compensation ; elle ne léserait ainsi aucun des droits de son débiteur, puisqu'il est comme particulier soumis à toutes les voies d'exécution du droit commun (3).

Une différence importance est à signaler au point de vue du paiement entre les taxes syndicales et les contri-

(1) *Revue générale d'Administration.* T. II, p. 460.
(2) Conseil d'État, 10 janv. 1890 ; 8 nov. 1890. Lebon, p. 6 et 818.
(3) Picard. *Op. cit.* T. IV, p. 186.

butions directes. Ces dernières, on le sait, sont payables par douzième, et l'on soutenait avec assez de raison que l'assimilation établie par la loi devait s'étendre au mode de paiement. Dans la pratique, on fixait le mode de paiement dans les actes constitutifs des associations, et on décidait généralement que les taxes seraient acquittées en une seule fois, afin d'éviter les frais et la comptabilité compliquée que la division en douzièmes devait forcément entraîner. L'article 62 du règlement a décidé qu'elles seraient payables en une seule fois, sauf décision contraire du préfet ; il a donc remis entièrement le choix du mode de paiement entre les mains du représentant de l'administration, dont la décision sera publiée en même temps que le rôle et fixera les époques auxquelles le paiement devra avoir lieu. Lorsque le paiement en douzièmes ne sera pas adopté, les associés ne pourront être astreints en revanche à la règle édictée en matière de contributions directes, c'est-à-dire, en cas de réclamation, à la production des quittances des termes échus (1).

Il existe donc, le fait n'est pas douteux, des différences entre le mode de recouvrement des taxes syndicales et le mode de recouvrement des contributions directes, malgré la règle d'assimilation de forme absolument générale posée par l'article 15 de la loi de 1865, et cette constatation n'est pas de nature à nous faciliter la solution d'une question posée bien avant le vote de la loi de 1865, et que cette loi,

____

(1) Conseil d'État, 3 mars 1876, p. 220.

ainsi que la loi subséquente de 1888, ont négligé de trancher. Cette question, d'une importance extrême, car elle
touche à l'essence même des associations syndicales, est
la suivante : Le privilège créé par la loi du 12 novembre 1808 au profit du Trésor public en matière de
contributions directes appartient-il aux associations autorisées pour le recouvrement de leurs taxes?

Pour M. Godoffre (1), le privilège de la loi de 1808,
constituant une disposition exorbitante du droit commun,
ne peut appartenir qu'au Trésor public ou aux personnes
morales auxquelles un texte de loi le confère expressément, et il en trouve une preuve dans la loi du 23 juillet 1856 sur le drainage, qui, après avoir accordé au
Trésor public lui-même, par son article 9, un privilège
sur les récoltes et revenus des terrains drainés pour le
recouvrement de l'annuité échue et de l'année courante
de l'amortissement des prêts consentis par l'Etat, accorde
expressément par son article 4 le même privilège aux
syndicats pour le recouvrement de la taxe d'entretien et
des prêts ou avances faits par eux. Une disposition spéciale a été jugée nécessaire par le législateur pour conférer
le privilège aux syndicats de drainage ; elle était donc
également indispensable pour le conférer aux associations
de la loi de 1865, et la disposition générale de l'article 15
de cette loi ne peut s'appliquer qu'à une question de
procédure, sans avoir pour effet de changer au fond la

(1) Associations syndicales, § 239.

nature des taxes perçues, en leur concédant un caractère qui n'appartient en principe qu'aux seules créances de l'Etat.

Mais pour la majorité des auteurs (1), et pour la jurisprudence de la Cour de cassation (2), l'article 15 a une portée beaucoup plus considérable, et refuser le privilège aux associations syndicales serait au contraire apporter une restriction au principe de l'assimilation établie par la loi. Les débats de la loi de 1865 en fournissent d'abord une preuve incontestable; à la séance du 20 mai 1865, un député, M. de Voize, demanda qu'un article spécial de la loi consacrât expressément l'exercice du privilège sur les récoltes, et le commissaire du gouvernement répondit que l'assimilation étant complète entre les taxes syndicales et les impôts que doivent les contribuables, les privilèges qui protègent le recouvrement des impôts s'appliquent aussi au recouvrement des taxes syndicales.

L'arrêt de la Cour de cassation cité *suprà* décide enfin, conformément à la théorie de ces orateurs, que le privilège du Trésor appartient aux syndicats pour le recouvrement des frais d'entretien, réparation ou reconstruction des digues et ouvrages d'art sur les rivières non navigables ni flottables, en exécution de l'article 3 de la loi du 14 floréal an XI.

(1) Alauzet. *Revue du Notariat.* 1867, p. 495. — Maulde. *Journal des communes.* 1865, p. 412. — Duvergier, 1865, p. 304, note 1. — Gain. *Op cit.* § 267, etc

(2) Cass. Civ. 15 juillet 1868. — D. P. 68, 1, 373.

Si la question ne se pose plus en jurisprudence, après
cet arrêt de la cour suprême, nous devons constater qu'elle
reste entière en doctrine, et nous ne croyons pas que l'article 62 du règlement, qui décide que les taxes sont en
principe payables en une seule fois, soit d' nature à clore
cette discussion. Sans dénier absolument l'importance des
déclarations du commissaire du Gouvernement au Corps
législatif, comme elles n'ont forcément que la valeur relative qui s'attache à une opinion non consacrée par un
texte, nous avouons qu'à nos yeux, l'argument le plus dé-
cisif en faveur de la jurisprudence de la Cour de cassation devait être tiré de l'assimilation absolue des taxes
syndicales avec les contributions directes, assimilation qui
ne permettait pas, sans atténuer la portée de l'article 15,
de créer une différence arbitraire entre ces diverses
créances. Or le Conseil d'État vient proclamer lui-même,
dans le règlement de 1894, l'inapplicabilité d'un caractère
essentiel des contributions directes aux taxes syndicales,
la divisibilité en douzièmes, il entame ainsi la théorie de
l'assimilation absolue et il a, nous semble-t-il, ouvert la
voie à toutes les contestations sur le caractère même des
taxes syndicales. Il y a certainement là une conséquence
très fâcheuse de la règle posée par l'article 62.

Sur le rang du privilège, pour ceux qui en admettent
l'existence, il y encore désaccord. Les uns, respectueux de
l'assimilation qu'ils estiment complète entre les contributions directes et les taxes syndicales, placent sur la même
ligne le privilège du Trésor et celui des associations :

ils ne seraient donc primés tous deux que par les frais de justice faits dans l'intérêt commun des créanciers. Les autres, pensant au contraire que le motif d'ordre public qui a fait assigner un tel rang au privilège du Trésor n'existe pas au même degré pour les associations syndicales, donnent au privilège de ces dernières la place qui a été assignée par la loi de 1856 au privilège des associations de drainage : il serait donc primé par les privilèges généraux sur les meubles de l'art. 2101, C. civ. Il y a dans ce dernier système une inconséquence qui apparaît suffisamment d'elle-même.

3° — Réclamations.

De nombreuses réclamations peuvent être faites par les associés à l'occasion du recouvrement des taxes. Une distinction importante doit être faite entre elles d'après leur nature, selon qu'elles présentent ou non un caractère contentieux. Les associés peuvent d'abord, comme en matière de contributions directes, présenter des demandes en remise ou en modération, c'est-à-dire solliciter l'exemption totale ou la diminution de la taxe qui leur incombe pour l'année. A qui appartient-il de statuer sur leurs demandes ? Les textes sont muets à cet égard ; mais il est impossible, en présence de la nature même de ces demandes en remise ou en modération, de concéder au préfet le droit qui lui appartient sans conteste en matière de contributions directes, non plus que de soumettre ces demandes au jugement du Conseil de Préfecture. Les associés qui les forment n'élèvent aucune contestation sur le chiffre des taxes qui leur sont imposées ou sur la validité de l'association ; ils sollicitent seulement la faveur de ne pas acquitter ce qu'ils reconnaissent devoir, en excipant de pertes qu'ils ont faites dans l'année ; il semble donc bien que cette faveur ne puisse être accordée que par l'association elle-même, qui seule a qualité pour apprécier les motifs que peuvent faire valoir les intéressés, en même temps que la charge nouvelle qui va forcément peser sur les autres membres de l'association, du fait de cette exemption ou diminution. Les demandes contentieuses qui peuvent être également formées par les associés, et que nous allons examiner, auront bien aussi pour effet, si elles sont reconnues justes, de peser sur les finances de l'association ; mais c'est la conséquence forcée de l'existence d'un droit, le droit pour celui qui a été indument imposé de s'adresser à un tribunal qui constatera l'infraction aux règles posées par la loi ou par l'acte d'association. Appartiendrait-il davantage au préfet de statuer ? L'autorité administrative justifie sa mainmise sur les associations par la nécessité de contrôler leur gestion, tant au point de vue des travaux qu'elles exécutent qu'au point de vue financier ; comprendrait-on que son représentant eût le pouvoir de compromettre ces finances en accordant à certains des associés la faculté de se soustraire aux charges qui leur incombent ? Le droit de décision ne doit donc être reconnu qu'à l'association elle-même, représentée par son syndicat, dans le silence des statuts, ou par l'assemblée générale, si ce droit lui a été réservé ; seule l'association pourra, par l'appréciation des motifs invoqués par le solliciteur et de la situation de ses propres finances, décider si la faveur qui lui est demandée peut être accordée sans péril pour l'œuvre commune.

Les demandes en mutation doivent être également, mais pour d'autres motifs, présentées au syndicat ; c'est à lui qu'il appartiendra de modifier la cote placée entre ses mains. Mais ici l'intéressé pourrait sans conteste porter sa demande devant le conseil de préfecture, si le syndicat refusait d'y faire droit, car il a un intérêt personnel que la justice devra faire respecter ; si, en effet, après la vente d'une propriété, les taxes étaient encore portées au nom du vendeur, l'acquéreur pourrait refuser de les acquitter, et elles retomberaient sur le vendeur qui aurait négligé de faire opérer la mutation (1).

Les demandes présentant un caractère contentieux, c'est-à-dire les demandes en décharge et en réduction, sont soumises au jugement du Conseil de Préfecture ; la jurisprudence admet sur ce point encore l'entière application de la loi du 21 avril 1832. Il ne saurait être ici question de passer en revue les nombreux motifs sur lesquels peuvent être fondées les demandes ainsi portées devant le Conseil de Préfecture ; la longue liste des arrêts du Conseil d'État suffit à montrer l'étendue de la juridic-

(1) Conseil d'État, 19 décembre 1879. Lebon, p. 823.

tion ainsi attribuée aux tribunaux administratifs ; il est difficile néanmoins de ne pas rappeler les principes généraux dont cette jurisprudence a toujours assuré le respect.

Nous avons déjà constaté que les associés pouvaient réclamer contre la taxe qui leur est imposée en se fondant sur la nullité des bases de répartition sur lesquelles cette taxe a été établie ; le Conseil de Préfecture, par cela seul qu'il statue sur l'existence de la taxe, a le pouvoir de vérifier la régularité de ces bases. Il est nécessaire de distinguer ici entre le cas que nous avons examiné, où la validité même de ces bases est mise en question : les intéressés ne peuvent alors réclamer que dans les trois mois de la publication du premier rôle ; et le cas où ils contestent seulement l'application de ces bases à leurs propriétés : ils peuvent alors formuler cette réclamation chaque année, à moins toutefois qu'ils n'aient payé les taxes assises sur ces bases pendant un temps assez long pour qu'on puisse en induire de leur part une confirmation tacite de l'irrégularité commise ; le Conseil d'État réserve à cet égard une large faculté d'appréciation à la juridiction appelée à statuer (1). Il maintient d'ailleurs fermement ce principe, que les bases définitivement arrêtées ne peuvent être modifiées, et que décharge devrait donc être accordée d'une taxe qui n'aurait pas été établie sur ces bases définitives (2).

(1) Conseil d'État, 16 mars 1883. Lebon, p. 282.
(2) Conseil d'État, 1er juin 1883. Lebon, p. 509.

D'une façon générale, la jurisprudence admet comme fondement aux demandes en décharge et en réduction toutes les infractions soit à la loi, soit à l'acte constitutif de l'association ; elle repousse au contraire les griefs fondés sur l'appréciation de l'utilité des travaux entrepris ou de leur mode d'exécution, qui soulèverait une question dont les tribunaux ne peuvent connaître. C'est ainsi qu'il a été déclaré que le revenu cadastral ne pouvait être pris comme base unique du degré de l'intérêt des propriétés de natures différentes (1) ; que le Conseil de Préfecture, saisi d'une demande en décharge, peut vérifier si les dépenses auxquelles les taxes ont pour objet de pourvoir sont de celles qui peuvent être mises à la charge des membres de l'association (2) ; décharge doit encore être accordée si la composition du syndicat est contraire aux prescriptions du décret constitutif (3) ; si le syndicat se refuse à amener l'eau aux limites de l'une des deux parties d'un fonds séparées par une voie publique (4) ; s'il n'accomplit pas l'obligation qu'il a contractée de conduire les eaux à la limite de chaque propriété (5) ; ou encore s'il veut mettre à la charge d'un associé des travaux d'amenée que celui-

(1) Conseil d'État, 9 mai 1890, Lebon, p. 478. — 1er mai 1896. Lebon, p. 362.

(2) Conseil d'État, 2 mai 1891. Lebon, p. 347.

(3) Conseil d'État, 27 juillet 1888. Lebon, p. 677.

(4) Conseil d'État, 26 décembre 1884. Lebon, p. 948 (1re espèce).

(5) Conseil d'État, 11 février 1887 (1re espèce). Lebon, p. 136.

ci, aux termes de l'engagement souscrit, n'était pas tenu d'opérer et de payer de ses deniers (1).

Au contraire, le Conseil d'Etat refuse qualité au Conseil de Préfecture pour apprécier la gestion des syndics, pour prononcer l'annulation du contrat, en raison de ce que cette gestion serait mauvaise, ou pour dire si les dépenses faites par le syndicat ont été exagérées (2) ; il a déclaré que des membres de l'association n'étaient pas fondés à demander décharge des taxes par le motif que la commission syndicale n'avait pas été soumise chaque année au renouvellement partiel prévu par l'acte constitutif, alors que cet acte portait également que les syndics titulaires conserveraient leurs fonctions jusqu'à leur remplacement (3).

La jurisprudence administrative confère donc au juge administratif, conformément aux principes, le droit le plus étendu pour vérifier la légalité des taxes dont le recouvrement est poursuivi devant lui. Comme le dit M. Aucoc (4), « les Conseils de Préfecture n'ont pas uniquement à vérifier si les bases de la répartition des dépenses ont été exactement appliquées et si les contribuables sont imposés chacun en raison de son intérêt à l'exécution des travaux. Ils peuvent, à l'occasion des demandes en dé-

---

(1) Conseil d'État, 22 juin 1883. Lebon, p. 583.
(2) Conseil d'État, 16 juin 1882. Lebon, p. 577.
(3) Conseil d'État. 9 juin 1894. Lebon, p. 395.
(4) *Op. cit.* § 914 et 915.

charge ou réduction présentées par les contribuables, vérifier si les bases de la répartition des dépenses sont conformes à la loi, quel que soit l'acte dans lequel ces bases soient posées. Ils peuvent aussi vérifier si les travaux étaient de nature à être mis à la charge des intéressés par application de la loi et de l'acte constitutif du syndicat ; le Conseil d'Etat l'a décidé à plusieurs reprises. Ils peuvent également vérifier si les dépenses, auxquelles les taxes ont pour but de subvenir, ont été régulièrement faites. Toutefois il n'appartiendrait pas au Conseil de Préfecture de procéder, à l'occasion d'une demande en décharge de taxes, à la vérification des opérations et des comptes de la commission syndicale. Le Conseil de Préfecture serait-il également compétent pour connaître, à l'occasion du recouvrement des rôles, des contestations soulevées par certains propriétaires, et tendant à établir qu'ils ne font pas partie de l'association ; ou que, s'ils en font partie, ils ne sont engagés que jusqu'à concurrence d'une certaine somme, et pour une portion seulement de leurs terrains ; ou bien encore que leur engagement est nul, faute par le syndicat d'avoir accompli la condition à laquelle il était subordonné ; ou bien encore que l'association a été irrégulièrement constituée ? » Et l'éminent auteur répondait à toutes ces questions par l'affirmative ; la jurisprudence a depuis cette époque pleinement confirmé son appréciation. Mais en même temps, par une sage et nécessaire restriction, elle interdit aux Conseils de Préfecture de tirer parti du pouvoir qui leur est ainsi conféré pour s'ingérer dans le gouvernement intérieur de l'association en examinant et en tranchant des questions qui, par essence même, doivent être réservées à l'administration active, comme la direction donnée aux travaux, leur utilité et leur mode d'exécution, ou encore la composition de l'association.

La décharge accordée par le Conseil de Préfecture peut dans certains cas avoir des conséquences d'une extrême gravité, tant pour l'association elle-même que pour les tiers qui ont traité avec elle ou ont subi des dommages par son fait. Deux hypothèses peuvent se présenter : ou bien la mise en recouvrement n'a pas eu lieu dans des formes régulières, ou bien le tribunal déclare que la taxe n'était pas due par le réclamant. Dans la première hypothèse, point de difficulté : le syndicat n'a qu'à mettre un nouveau rôle en recouvrement en se conformant aux règles fixées par la loi et les statuts, et le paiement de la taxe est seulement ajourné. Dans la seconde hypothèse, il faut faire une nouvelle distinction ; ou bien la légalité de la taxe n'est pas en question, et le réclamant a seulement obtenu décharge parce qu'il a été imposé à une somme supérieure à celle qu'il doit en réalité acquitter : il suffira encore de recommencer la procédure et de l'imposer cette fois dans les limites prévues ; ou bien au contraire, l'illégalité de la taxe est déclarée par le tribunal. Si cette illégalité n'existe qu'à l'égard d'un ou de quelques associés individuellement, la charge qui leur avait été imposée sera répartie entre les autres associés ou sera acquittée sur les fonds libres du syndicat ; mais si une très grande partie, si la presque totalité des associés obtient décharge dans ces conditions, qui leur remboursera la taxe illégalement perçue ? qui ensuite acquittera les dépenses engagées par l'association ? L'espèce s'est présentée devant le Conseil d'Etat, qui n'a pas résolu la question (1) ; mais une note placée au pied de l'arrêt nous donne l'argumentation soutenue d'une part par le Ministre des Travaux publics, et d'autre part par le commissaire du Gouvernement. Le Ministre a soutenu que les membres de l'association, qui avaient payé sans protestation la première contribution, devaient supporter la partie de la dépense dont les autres propriétaires avaient obtenu décharge, parce qu'ils avaient ainsi adhéré à l'exécution des travaux et perdu le droit de se prévaloir de l'irrégularité de l'arrêté qui avait autorisé les travaux. Ce système était inadmissible en présence de la jurisprudence qui refuse de considérer comme un acquiescement à supporter toutes les conséquences de l'illégalité commise, le fait d'avoir consenti à contribuer dans une certaine mesure au travail illégalement ordonné (2). Pour le commissaire du gouvernement, le remboursement de la taxe en vertu de la décision contentieuse qui avait prononcé la décharge, et le paiement des sommes dues aux tiers, constituaient des dettes exigibles, dont le syndicat avait dès lors le droit

(1) Conseil d'État, 21 mars 1879. D. P. 79, 3. 73..
(2) Conseil d'État, 23 février 1877. D. P. 77, 3, 49.

de répartir le montant entre tous ses membres, proportionnellement à leur intérêt ; les associés ne devaient pas plus
pouvoir se prévaloir de la décision qui leur avait accordé
décharge de la taxe primitive pour refuser de contribuer
au paiement des dettes exigibles, qu'ils ne pouvaient se
refuser à contribuer aux frais des procès engagés entre
eux et le syndicat et dans lesquels ils avaient triom-
phé (1).

Le Conseil d'Etat ne s'est pas prononcé ; quelle est donc,
en vertu des principes généraux, la situation de ces créanciers qui auraient perdu leur débiteur ? Si la situation des
associés qui ont acquitté une taxe illégale et qui ne pourraient se la faire rembourser ne présente au point de vue
pécuniaire qu'un médiocre intérêt, il n'en est pas généralement de même des entrepreneurs qui ont traité avec le
syndicat, et qui ont engagé des sommes considérables sans
avoir de faute à se reprocher ; il ne faut pas oublier non
plus les propriétaires voisins à qui des dommages auront
presque toujours été causés, et qui doivent en obtenir
réparation. Ils peuvent, sans doute, réclamer une indemnité aux syndics qui leur ont causé ce préjudice par leurs
agissements ; ils peuvent peut-être aussi en réclamer une
aux intéressés qui ont profité des travaux, dans la mesure
où ils en ont profité ; mais l'exercice de ces actions ne
produira guère que de faibles résultats. Le seul remède
sérieux à cette situation aux yeux de l'arrêtiste serait la

____

(1) Jurisprudence constante déjà citée.

responsabilité de l'Etat, mais peut-on dire qu'elle soit engagée par le seul fait de l'intervention du préfet dans la constitution et même l'administration de l'association? L'Etat, en autorisant l'association, et en contribuant à son organisation, a-t-il engagé suffisamment sa participation pour que les associés ou les tiers lésés puissent lui demander compte de la confiance qu'il leur a inspirée? L'affirmative semble impossible en présence de la nature de l'intervention de l'État, qui ne constitue, en théorie tout au moins, qu'un acte de tutelle administrative n'engageant pas en vertu des principes la responsabilité de celui qui l'accomplit; nous ne sommes pas en présence de travaux entrepris par l'administration, et dont elle recouvre ensuite la dépense sur les intéressés : dans ce dernier cas elle ne fait pas seulement fonction de tutrice, elle agit elle-même, et elle peut à bon droit être déclarée responsable des conséquences d'une entreprise de curage organisée par un arrêté illégal (1). Ici sa responsabilité n'est pas directement engagée ; mais il est difficile de ne pas se rallier à la doctrine de l'arrêtiste, qui pense que les raisons d'équité les plus graves imposent à l'autorité supérieure l'obligation morale de mettre fin à une difficulté inextricable au moyen d'une subvention sur les crédits ouverts au budget pour l'amélioration des cours d'eau.

Depuis cet arrêt, la question ne s'est pas posée en jurisprudence, et il n'y a donc pas eu lieu de décider si l'ar-

____

(1) Conseil d'État. 15 mai 1869. D. P. 70, 3, 82.

ticle 9 de la loi du 21 juin 1865, complèté par la loi du
22 décembre 1888, ne devait pas trouver ici son application. Des deux paragraphes ajoutés à cet article, que nous
avons déjà cités et commentés, le premier décide que
dans les cas prévus par les nos 6, 7, 8. 9 et 10 de l'article 1er, aucun travail ne pourra être autorisé et entrepris
qu'après le paiement préalable des indemnités de délaissement et d'expropriation, et le versement par les membres de l'association de garanties applicables au paiement
des travaux, fournitures et indemnités pour dommages ;
les entrepreneurs, les fournisseurs ou les tiers pourront donc
poursuivre, sur les intéressés qui ont contracté cet engagement personnel, le paiement de leurs créances, puisque
le Conseil de préfecture a bien pu décharger ces derniers
de la taxe qu'ils n'étaient pas tenus d'acquitter, mais non
les délier de cet engagement personnel ; seuls certains
tiers qui ont subi des dommages ne pourront user de ce
recours, par suite de l'impossibilité matérielle qui existera
toujours, comme nous l'avons indiqué, à connaître avant
la formation de l'association tous les tiers qui pourront
avoir à en subir, et à leur fournir par conséquent les
sûretés voulues par la loi (1).

Quant au second paragraphe, qui établit en cas d'insolvabilité de l'association la responsabilité de l'État, du

____

(1) Il faut remarquer ici que l'obligation de ces engagements personnels n'existe que dans les cas prévus par les nos 6, 7, 8, 9 et 10
de l'article 1er ; les créanciers des associations créées dans d'autres
hypothèses ne sont pas moins intéressants.

département ou de la commune, lorsque ces personnes morales auront été intéressées aux travaux ou en auront profité, il pourra certainement être également appliqué ici, mais avec les difficultés d'appréciation que nous avons suffisamment indiquées : comment déterminera-t-on l'insolvabilité de l'association ? comment établira-t-on que l'État, le département ou la commune ont profité des travaux ou y ont été intéressés, et dans quelle mesure ? Si l'article 9 complété a fourni des garanties nouvelles aux créanciers de l'association, dans la pratique il leur sera bien difficile d'arriver tous au règlement de leurs comptes, et leur dernière ressource sera bien toujours, comme autrefois, un appel à une subvention de l'État.

II. — Régime financier.

Le régime financier des associations autorisées est, comme nous l'avons dit, soumis à certaines règles inspirées par l'intérêt public.

L'article 16 de la loi du 21 juin 1865, en décidant qu'il serait procédé à l'apurement des comptes de l'association selon les règles établies pour les comptes des receveurs municipaux, a d'abord rendu applicable aux associations une des règles de la comptabilité publique, régissant les deniers publics ; il n'appartient donc pas seulement à l'as-

sociation de recevoir et d'approuver les comptes de son
comptable ; celui-ci doit les présenter au Conseil de préfecture ou à la Cour des Comptes qui les vérifie chaque
année.

En ce qui concerne le régime financier de l'association,
dans son acception la plus large, nous allons voir l'Etat
intervenir de deux façons distinctes dans la vie de l'association ; d'une part il exerce son droit de contrôle sur ses
finances, en en surveillant l'emploi ; d'autre part il apporte
son concours à l'œuvre entreprise par l'attribution de subventions.

L'organisation financière a été réglée à nouveau par les
articles 57, 58, 63 à 66 du règlement de 1894. Le budget
est préparé chaque année par le directeur, déposé pendant
quinze jours à la mairie de chacune des communes intéressées et voté par le syndicat. Il est ensuite adressé au
préfet qui l'examine et est investi du droit d'inscrire d'office les crédits nécessaires pour faire face, dit l'article 58,
« à l'acquittement des dettes exigibles, ainsi qu'aux dépenses nécessaires pour empêcher la destruction des
ouvrages et pour prévenir les conséquences nuisibles à
l'intérêt public que pourrait avoir l'interruption ou le défaut
d'entretien des travaux. » On ne peut se dissimuler que la
généralité même des expressions employées par ce texte
donne au préfet les pouvoirs les plus étendus sur l'administration financière de l'association, tandis que la loi du
21 juin 1865 ordonnait seulement la communication du
budget à l'ingénieur en chef du département, qui donnait

son avis avant le vote définitif des syndics. Le Conseil
d'Etat reconnaissait d'ailleurs déjà le droit au préfet d'inscrire d'office au budget, sur la proposition des ingénieurs,
les crédits nécessaires pour acquitter les dettes obligatoires et exigibles (1) ; le règlement a donc sanctionné dans
la plus large mesure la jurisprudence antérieure.

Ici se pose la question, non résolue par le règlement,
de savoir comment les créanciers d'une association syndicale pourront exécuter une condamnation obtenue contre
elle. Les associations ont-elles le privilège reconnu aux
communes et aux établissements publics, et échappent-
elles à l'application de la saisie-arrêt ? L'affirmative nous
semble devoir être adoptée, bien que nous devions reconnaître l'absence de tout texte sur ce point ; les pouvoirs
d'inscription d'office reconnus au préfet diminuent la nécessité de la saisie-arrêt, et il ne faut pas oublier que le
Conseil d'Etat, comme nous l'avons indiqué, refuse aux
créanciers le droit d'invoquer la compensation, parce
que les voies de droit commun ne peuvent être employées
contre les associations autorisées (2). Les motifs de
décider sont les mêmes ici ; on ne peut pourtant se dissimuler qu'en cas d'inaction du préfet, cette solution pourra
avoir de graves inconvénients.

En ce qui concerne les délibérations en matière finan-

(1) Conseil d'État, 20 juin 1869. Lebon, p. 620.
(2) Aucun doute ne peut exister si l'on admet que les associations
autorisées constituent des établissements publics.

cière des associations syndicales, l'approbation du préfet ne semble exigée à première vue que pour certains emprunts. L'article 37 du règlement décide en effet que les emprunts excédant le maximum prévu par les statuts ne seront exécutoires qu'après délibération de l'Assemblée générale, et approbation du ministre compétent ou du préfet, suivant qu'ils portent ou non à plus de 50.000 fr. la totalité des emprunts de l'association. Mais il a toujours été reconnu, et le Conseil d'Etat l'a établi par le décret du 24 mars 1866, que l'approbation préfectorale est nécessaire à toute délibération ayant pour effet d'engager les finances de l'association ; M. Aucoc (1) justifie ce droit d'approbation par la faculté accordée à l'association de recouvrer ses taxes dans la forme des contributions directes : l'autorité qui délègue ses pouvoirs pour recouvrer les taxes doit, dit-il, veiller à ce que le syndicat n'en use pas pour épuiser la bourse des contribuables. Nous n'insisterons pas sur ce raisonnement ; il aurait été plus simple, nous semble-t-il, de déclarer que l'intérêt public exigeait l'attribution de ce pouvoir à l'autorité administrative.

Pour les acquisitions à titre gratuit, aucun doute n'est possible en présence des termes formels de l'article 910 du Code civil, qui s'applique à la fois aux établissements publics et d'utilité publique ; peu importe donc qu'on doive ranger, comme nous le rechercherons plus loin, les associations dans l'une ou l'autre de ces catégories. Pour les

(1) *Op. cit.* T. II, § 897.

transactions enfin, comme elles entraînent toujours un engagement financier de la part de l'association, elles devront nécessairement être toujours approuvées.

Telles sont les règles, très simples en raison même du droit souverain attribué à l'autorité administrative, fixées par la loi et le règlement pour la vie financière de l'association, au point de vue du contrôle auquel elle est soumise ; examinons maintenant le concours que l'État est appelé à lui prêter.

Ce concours, comme nous avons déjà eu l'occasion de l'indiquer suffisamment, est indispensable dans la plupart des cas, surtout quand les travaux à exécuter présentent un certaine importance et que d'autre part la rémunération n'en peut être espérée qu'à longue échéance. Les agriculteurs ne se décident jamais sans difficulté à avancer des sommes dont ils ne peuvent attendre un revenu immédiat ; ils hésitent surtout à s'engager à acquitter une contribution annuelle, dont le payement, facile à opérer la première année, pourra devenir plus difficile les années suivantes, à cause des alternatives de gain et de perte si sensibles dans le rendement des travaux agricoles, et de l'impossibilité de tabler sur un revenu fixe chaque année. Il fallait donc, si l'État voulait développer les associations, qu'il leur accordât son concours financier, et il ne pouvait manquer à la tâche qu'il s'était lui-même imposée.

Sur le principe même du concours de l'État, point de difficulté donc ; les orateurs qui ont pris la parole dans les diverses discussions du Parlement l'ont tous reconnu; mais de quelle façon se traduirait ce concours, c'est ce que le législateur n'a pas décidé, et ce fut en conséquence un des points principaux sur lesquels portèrent les travaux de la Commission supérieure des eaux, réunie en 1878 sur l'initiative de M. de Freycinet.

La Commission émit d'abord l'avis qu'il y avait lieu de fournir des subventions pour les travaux de premier établissement, qui réclament dès le début l'emploi de capitaux souvent impossibles à réunir en totalité, et que, pour donner toute sécurité aux intéressés, il ne fallait leur demander pour acquitter les dépenses de ces travaux que des redevances fixes dont la quotité serait calculée eu égard d'une part à la dépense prévue, et d'autre part, au nombre d'hectares ou de litres d'eau souscrits, de manière à assurer le paiement des annuités dues pour l'intérêt et l'amortissement des emprunts qui seraient contractés. Mais les deux termes de ce problème étaient difficiles à concilier entre eux ; si l'État se bornait à fournir une subvention, quelle que fût l'exactitude des bases sur lesquelles l'évaluation du capital de premier établissement aurait été calculée, il y avait lieu de craindre que la dépense effectivement faite fût supérieure à cette évaluation, et alors comment couvrir cette dépense tout en maintenant le principe de la fixité des redevances dues par les associés ? Un seul moyen se présentait, et la Commission n'a pas hésité à en proposer l'adoption : appliquer aux associations syndicales le système de la garantie d'intérêt,

c'est-à-dire dans l'espèce faire garantir par l'État le payement des annuités ; une fois les taxes à acquitter par les
associés calculées sur les dépenses probables de l'entreprise, elles se maintiendraient immuables au taux ainsi
déterminé, et si les dépenses effectives étaient supé-
rieures, ou si les recettes étaient insuffisantes, l'État ac-
quitterait la différence, au moyen d'avances dont il se
rembourserait bien entendu après l'amortissement des
emprunts, en prélevant la quotité nécessaire à ce remboursement sur les cotisations qui continueraient à être imposées aux associés jusqu'à complète extinction de leur
dette envers le Trésor.

Tel était le principe adopté par la Commission ; le rapport présenté en son nom développait ensuite le mécanisme de ce système et entrait dans des détails d'organisation où nous ne saurions le suivre ici ; à l'en croire,
l'amortissement des emprunts et l'augmentation des cotisations, due à l'entrée dans l'association des nouveaux
propriétaires qui s'y feraient agréger, devraient arriver à
rendre la garantie ainsi offerte par l'État purement nomi-
nale.

Ainsi donc deux modes de concours devaient être ap-
portés par l'État, même concurremment, les subventions
et la garantie d'intérêt. La subvention peut être fournie
soit en argent, soit en travaux ; la garantie d'intérêt se
traduit nécessairement par une somme annuelle payée
par le Trésor, pendant un temps qui ne peut être déterminé à l'avance. De la subvention en argent, nous n'avons

rien à dire : c'est le seul mode qui évite tout aléa, puisque
l'État, une fois le chiffre de cette subvention fixé, est dé-
gagé de toute responsabilité ; sur la subvention en travaux et sur la garantie d'intérèt, dont l'application soulève
des problèmes autrement complexes, nous rapporterons
brièvement quelques observations formulées par M. Picard (1).

Pour le canal de Ventavon, l'État s'est engagé, au
lieu de verser une somme fixe, à payer les travaux de
premier établissement, dont la dépense devait être moindre
de trois millions ; par suite de difficultés imprévues, elle a
atteint six millions, et la dette de l'État s'est donc trouvée
double du chiffre prévu. M. Picard remarque avec raison
que cette constatation ne doit pas faire condamner d'une
façon absolue le système de la subvention en travaux,
qui est au contraire l'un des plus propres à assurer un
bon emploi des fonds : s'il y a eu faute de l'État en cette
affaire, c'est dans le prononcé de la déclaration d'utilité
publique des travaux, sans études suffisantes ; et l'État ne
peut s'en prendre qu'à lui-même des conséquences de sa
négligence.

Un système qui a donné de meilleurs résultats est celui
qui a été employé pour la construction de canaux, notamment de ceux de l'Aude et de l'Hérault. L'État a commencé
par exécuter tous les travaux, en se réservant comme rémunération le droit de percevoir une redevance fixe par

(1) *Op. cit.* T. IV, p. 173 et s.

hectare ; puis il a mis les canaux en régie, pour ne les remettre qu'au jour qui lui a convenu aux associations syndicales chargées de les exploiter, et en se ménageant les moyens d'action nécessaires pour assurer la conservation de canaux qui lui appartiennent, et la perception de taxes dont la meilleure partie lui revient.

Nous ne songeons pas à nier l'excellence de ce système, mais nous avouons être très étonnés que l'éminent auteur le place parmi les modes de subventions aux associations syndicales. Nous nous trouvons en présence d'une association qui va recevoir un canal tout fait, qui n'aura eu à se préoccuper ni de son mode d'établissement, ni même de son mode d'entretien, puisque l'État ne lui en remet la garde qu'à la condition de se soumettre entièrement aux prescriptions qu'il formule en sa qualité de propriétaire. Est-ce là vraiment le but qu'a poursuivi le législateur en parlant de l'esprit d'initiative à développer et à stimuler en France, et en ne présentant l'aide et le contrôle de l'État que comme un appui qu'il lui est loisible d'accorder à ceux qui auront uni leurs efforts ? Pour les canaux en question, leur remise entre les mains d'une association syndicale ne nous paraît guère, sous une autre forme et sous un autre nom, que la continuation du système de la régie : c'est l'État qui a conçu le travail, qui l'a exécuté et qui en a pris la responsabilité ; il n'y a pas là une véritable application de la législation sur les associations syndicales.

En ce qui concerne la garantie d'intérêt, M. Picard constate **que le système** qui a donné d'excellents résultats appliqué à des compagnies concessionnaires, notamment pour la construction et l'exploitation des voies ferrées, a ici un inconvénient d'une extrème gravité : il tend à désintéresser de la prospérité de l'affaire ceux qui en ont la direction. En effet, de quelle façon peut-on l'appliquer aux associations syndicales? Il ne peut être question, comme pour les compagnies concessionnaires, de prévoir une garantie limitée qui laisserait les souscripteurs intéressés à l'entreprise, puisque le dividende sera plus ou moins élevé suivant que l'exploitation aura donné des résultats plus ou moins favorables; si l'on voulait limiter la garantie en ce qui concerne les associations syndicales, on devrait renoncer à trouver des souscripteurs, pour les raisons déjà exposées. On doit donc établir une garantie illimitée, et c'est au contraire le chiffre des contributions à percevoir sur les associés qui sera fixé d'une façon immuable ; alors quel intérêt ceux-ci peuvent-ils avoir à gérer d'une façon économique leur entreprise, puisqu'ils sont toujours certains de ne pas voir majorer leur contribution! Si l'on ajoute à cela que, comme le déclarait le rapport de la commission de 1878, la garantie de l'État ne saurait le plus souvent dispenser le gouvernement d'accorder une subvention pour la construction des ouvrages, parce que les propriétaires mêmes qui auraient le plus d'intérêt à l'accomplissement des travaux refuseraient d'entrer dans l'association si les dépenses de construction laissées à leur charge étaient trop considérables, on comprend que l'éminent auteur conclue en disant que « l'application de la garantie d'intérêt aux associations syndicales semble devoir toujours présenter de grandes difficultés, et que l'engouement dont elle avait été l'objet est heureusement passé. »

III. — Travaux.

Les associations libres jouissent naturellement d'une liberté absolue pour leurs travaux ; de même qu'elles ne reçoivent aucun privilège à cet égard de l'Etat, elles ne sont aussi soumises à aucun contrôle de sa part, sauf pourtant, comme nous l'avons vu, la coercition prévue par l'article 25 de la loi du 21 juin 1865, dont la doctrine étend l'application aux associations libres aussi bien qu'aux autorisées. Nous avons déjà discuté et contesté cette interprétation.

Mais, pour les associations autorisées, une situation toute particulière leur est faite par la loi de 1865, confirmant d'ailleurs la jurisprudence antérieure ; il est en effet unanimement reconnu aujourd'hui que les articles 16 et 18 de la loi de 1865, en accordant à ces associations le droit d'expropriation et en soumettant leur contentieux aux tribunaux administratifs, ont conféré à leurs travaux le caractère de travaux publics. On a essayé néanmoins d'objecter d'abord que ces textes ne leur confèrent pas ce caractère en termes précis, ensuite qu'en leur reconnaissant ainsi le droit d'exercer les servitudes d'occupation temporaire et d'extraction de matériaux, dans le silence de la loi, on consacre une grave atteinte à la propriété privée, au profit de sociétés qui ne représentent que le groupement d'intérêts particuliers. Il est aisé de répondre, d'abord que les servitudes ainsi accordées ont toutes moins d'importance que la faculté d'expropriation, reconnue formellement à ces associations; quant au motif tiré de l'absence d'intérêt public, nous avons déjà eu l'occasion de le réfuter, et d'ailleurs le règlement de 1894, en donnant, dans ses articles 45 à 56, une place considérable à l'autorité administrative dans la préparation, l'exécution et l'approbation des travaux de l'association, leur a manifestement reconnu encore ce caractère de travaux publics qui n'était plus contesté depuis 1865.

Bien entendu, ce caractère ne peut d'ailleurs s'attacher qu'aux travaux effectués par une association régulièrement autorisée. Le Conseil d'État a décidé que les travaux entrepris avant la constitution légale et même après une constitution résultant d'un acte administratif rapporté plus tard comme illégal ne pouvaient avoir le caractère de travaux publics (1). Il est nécessaire aussi que les travaux exécutés soient bien les travaux en vue desquels a été formée l'association. Il ne saurait appartenir à une association de se former pour l'exécution d'un

______

(1) Conseil d'État, 30 mars 1870. Lebon, p. 365.

travail tel que le curage ou le redressement d'un cours
d'eau, et de prétendre ensuite se consacrer à un dessèchement de marais ; les privilèges qui lui ont été conférés par
l'État sous l'approbation de ses agents administratifs, ne
s'attachent qu'aux travaux qui ont été soumis à cette
approbation. A plus forte raison les travaux exécutés par
une association ne sont-ils pas des travaux publics, s'ils
n'ont été exécutés que dans son intérêt privé, en sa qualité
de propriétaire ; le Conseil d'État a renvoyé aux tribunaux judiciaires, comme n'étant pas causés par l'exécution d'un travail public, l'examen des dommages causés à
des propriétaires riverains par le fait d'une association
qui avait constitué des barrages pour irriguer ses terrains
à l'aide des eaux provenant d'un dessèchement de marais
en vue duquel elle avait été constituée (1). Si enfin le travail n'avait pas été autorisé par l'association, mais avait
été exécuté à son insu par l'entrepreneur avec qui elle
avait traité, les conséquences dommageables n'en pourraient pas être appréciées par la juridiction administrative,
mais devraient également être renvoyées à l'examen des
tribunaux civils (2).

Le caractère de travaux publics reconnu aux travaux
des associations autorisées emporte donc d'abord pour
elles le droit d'exproprier, dans les conditions que nous

____

(1) Commission provisoire f. f. de Conseil d'État, 6 mars 1872.
Lebon, p. 138.

(2) Conseil d'État, 22 janvier 1857. Lebon, p. 60.

verrons plus loin, et d'exercer les servitudes d'occupation temporaire et d'extraction de matériaux ; il les soumet ensuite à la tutelle de l'administration. Recherchons d'abord dans quelle mesure fonctionnait cette tutelle, avant le règlement de 1894. L'approbation des travaux appartenait, suivant les cas, soit au Chef de l'État, soit au ministre des Travaux publics, soit au préfet. Elle appartenait au Chef de l'État quand il y avait déclaration d'utilité publique, au ministre des Travaux publics, quand une subvention était accordée par l'État, et enfin dans les cas où ces conditions n'existaient pas, le préfet puisait dans la loi des 12-20 août 1790, (qui dispose que les administrations des départements doivent rechercher et indiquer les moyens de procurer le libre cours des eaux, d'empêcher que les prairies ne soient submergées par la trop grande élévation des moulins, des écluses et par les autres ouvrages d'art établis sur les rivières ; de diriger enfin autant que possible toutes les eaux de leur territoire vers un but d'utilité générale, d'après les principes de l'irrigation) le droit d'approuver les travaux neufs qui pouvaient modifier le régime des eaux ou intéresser la salubrité publique. Ce droit avait été confirmé et étendu encore par les lois du 16 septembre 1807 et du 22 Décembre 1839, les décrets dits de décentralisation du 25 mars 1852 et du 13 avril 1861.

Ces règles ont été refondues dans le sens d'une autorité considérable donnée au préfet par le règlement de 1894 qui détermine, comme nous l'avons dit, les rôles respectifs des organes propres de l'association et de l'autorité administrative dans l'exécution des travaux. Il appartient au syndicat de désigner les hommes de l'art chargés de la préparation des projets et de la direction des travaux, mais ces projets, en ce qui concerne les travaux de grosses réparations, sont soumis à l'approbation préfectorale ; le syndicat ne jouit d'un droit absolu de décision que pour les travaux de simple entretien. Le règlement a d'ailleurs omis d'indiquer s'il appartiendrait aux ingénieurs, qui sont nommés par le Syndicat, de décider en dernier ressort si tel travail constituait un travail de grosses réparations ou un travail d'entretien.

Le droit qui appartient au préfet en matière de préparation des travaux lui appartient aussi quant à leur exécution ; les articles suivants du règlement lui donnent les pouvoirs les plus étendus en lui permettant de suspendre l'exécution des travaux entrepris sans son autorisation, de prescrire d'office l'inexécution des travaux projetés, et de mettre le syndicat en demeure de recommencer les travaux qui n'auraient pas été exécutés suivant les plans approuvés. L'association elle même ne peut qu'ordonner, par l'organe de son directeur, l'exécution immédiate de travaux imprévus et urgents, mais à charge d'en informer aussitôt le préfet, qui aura le droit de suspendre les travaux ainsi entrepris. En un mot, les pouvoirs les plus grands sont conférés au préfet, mais sous une condition nettement indiquée par les articles 48 et 51, la condition de se préoccuper exclusivement de l'intérêt public ;

il exerce en effet en la matière le pouvoir de police qui lui
a toujours appartenu sur la direction et l'aménagement
des eaux. L'association a été constituée pour exécuter le
travail nécessaire, mais le gouvernement reste juge de sa
bonne exécution, comme il l'avait d'abord été de son opportunité. C'est pour ce motif que le préfet suit pas à pas
la marche de l'œuvre entreprise : il vérifie si les prescriptions législatives, règlementaires et statutaires sont fidè-
lement observées. Il semble pourtant bien, nous devons
le reconnaître, que les auteurs du règlement aient été
guidés aussi par le désir de protéger à la fois les tiers et
les associés eux-mêmes contre les agissements malhonnê-
tes ou contre les négligences d'un syndicat ; le seul moyen
d'assurer une surveillance effective de l'entreprise était
de conférer ce droit au préfet qui soit par lui même, soit
par ses agents, peut être tenu au courant de l'avancement
des travaux : les tiers en ignorent le plan, et quant aux
associés, ils ne pourraient guère exercer leur droit de
contrôle qu'à l'assemblée générale, c'est-à-dire qu'ils seraient parfois contraints de laisser le syndicat compromettre
irrémédiablement en une année l'avenir de l'association.
Les associés se sont pourtant vu accorder le droit par
le Conseil d'État de demander leur mise hors de l'association, au cas où le syndicat n'avait pas rempli les engagements qui avaient déterminé leur souscription, ou
bien lorsque la disposition des lieux ne permettait pas
de les exécuter, par exemple si cette disposition ne
permettait l'irrigation projetée qu'à l'aide de travaux

très coûteux auxquels le souscripteur ne s'était pas engagé (1).

Mais le pouvoir le plus considérable du préfet est sans
contredit celui qui lui est conféré par l'article 25 de la loi
du 21 juin 1865, que nous avons déjà examiné en discutant
la légalité de son application aux associations libres :
« Dans le cas, dit cet article, où l'interruption ou le défaut
d'entretien des travaux entrepris par une association pourrait avoir des conséquences nuisibles à l'intérêt public, le
préfet, après mise en demeure, pourra faire procéder d'office à l'exécution des travaux nécessaires pour obvier à ces
conséquences. »

Le préfet jouit donc d'un pouvoir discrétionnaire pour
constater si l'association interrompt les travaux ou cesse
de les entretenir et la contraindre à reprendre son œuvre
interrompue. Sur quels motifs repose le pouvoir qui lui est
ainsi accordé, et de quelles considérations doit-il s'inspirer
pour l'exercer? L'intérêt public doit le guider d'abord,
l'article 25 l'indique expressément : il faut que, dans cet
intérêt, les travaux soient accomplis et entretenus comme
les associations s'y sont engagées, et la mauvaise volonté,
soit de l'ensemble des associés, soit du seul syndicat, doit
pouvoir être vaincue par l'autorité administrative. Mais,
en dehors de l'intérêt public, le préfet peut-il se préoccuper des conséquences qu'un tel état de choses pourrait
avoir pour les intérêts privés des membres de l'association,

(1) Conseil d'État, 6 août 1887. Lebon. p. 655.

ou pour ceux de ses créanciers? Pour M. Picard (1), aucun
doute n'existe : « Si les associations autorisées abandon-
nent leur œuvre inachevée, il en résulte souvent qu'une
partie de leurs membres ont supporté des dépenses frustra-
toires, pour une entreprise à laquelle ils ont été agrégés
malgré eux. Parmi les créanciers, il en est dont la créance
est née de dommages qu'ils ont subis et non acceptés. Ceux
mêmes qui ont engagé volontairement leurs intérêts dans
l'affaire ne l'ont fait que sur la foi de décisions administratives : les mécomptes qu'ils éprouvent, par suite du décou-
ragement prématuré ou de la mauvaise volonté d'une partie
des associés, constituent des exemples extrèmement préjudiciables à la formation de nouvelles associations ou au
crédit de celles qui existent. Ces raisons doivent porter à
ne pas interpréter dans un sens trop restrictif les textes
qui autorisent le préfet à intervenir pour assurer la conservation des ouvrages. Elles expliquent de plus pourquoi,
en dehors de ce premier cas d'intervention, la législation
lui donne le droit de suppléer à l'inaction de l'association
dans deux autres cas : 1° pour nommer les syndics, si l'assemblée n'y pourvoit pas ; 2° pour faire dresser les rôles
par un agent spécial, si le syndicat refuse de le faire. »

L'éminent auteur nous paraît avoir été entraîné à une
telle interprétation plutôt par un désir respectable d'assurer la bonne administration de l'association et l'exécution
de ses engagements que par le souci de se conformer exac-

(1) *Op. cit.* T. IV, p. 167.

tement au texte de la loi, et nous ne pouvons nous rallier à une opinion contredite par le texte même de l'article 15, où une allusion impérative est faite à l'intérêt public; nous croyons qu'à défaut d'autre texte législatif ou réglementaire, l'administration ne peut s'inspirer dans l'exercice du pouvoir à elle confié que de cet intérêt public; pour lui permettre une intervention motivée par le soin des intérêts privés, il faudrait une clause expresse comme on en insérait souvent soit dans les statuts, soit dans le décret d'autorisation (avant la loi de 1865), lorsque l'État contribuait dans une proportion importante à la dépense occasionnée par les travaux. Et cette réserve une fois faite, nous ne pourrons alors qu'approuver M. Picard, lorsqu'il déclare « qu'une clause analogue peut seule donner les garanties nécessaires à l'État, aux membres de l'association et aux tiers, toutes les fois qu'une association syndicale doit entreprendre une opération financière avec le concours du Trésor public. » Mais en l'absence de cette clause, l'État peut intervenir, et ce droit est déjà considérable, dans l'intérêt public; il ne peut intervenir en faveur d'intérêts essentiellement privés, sous peine de se substituer complètement à l'association elle-même (1).

---

(1) Ajoutons que c'est précisément dans le but de sauvegarder les intérêts des créanciers que la loi du 22 décembre 1888 a ajouté à l'article 9 les paragraphes que nous avons déjà étudiés.

Expropriation.

L'attribut le plus important pour les associations autorisées qui résulte du caractère de travaux publics reconnu à leurs travaux, et qui leur a d'ailleurs été conféré expressément par la loi, est le droit d'expropriation. L'importance de ce droit, réservé d'une façon générale aux organes de la puissance publique, et concédé ici à des associations, serait encore attestée, s'il était nécessaire, par les mesures protectrices dont le législateur a jugé nécessaire d'en entourer l'exercice, et par les discussions dont cet exercice a été l'objet, au moment du vote des lois de 1865 et de 1888.

L'article 18 de la loi de 1865 est ainsi conçu : « Dans le cas où l'exécution de travaux entrepris par une association syndicale autorisée exige l'expropriation des terrains, il y est procédé conformément aux dispositions de l'article 16 de la loi du 21 mai 1836, après déclaration d'utilité publique par décret rendu en Conseil d'État »; la loi adopte donc les formalités restreintes de la loi du 21 mai 1836 sur les chemins vicinaux, sauf la principale, la déclaration d'utilité publique par le préfet. Cette anomalie nous est expliquée par les débats de la loi de 1865 ; le projet primitif, dans le but de simplifier les opérations et les frais, établissait une assimilation complète de la procédure d'expropriation à instituer avec la procédure de la loi de 1836, mais plusieurs députés, craignant que cette mesure favorable au développement et aux ressources des associations ne fût préjudiciable aux tiers, qui pourraient se voir trop facilement dépossédés de leurs propriétés, réclamèrent au contraire l'application de la loi du 3 mai 1841. Comme il arrive souvent dans les discussions parlementaires, le débat se termina par une transaction; on adopta les formalités restreintes de la loi de 1836, mais on réserva au Conseil d'État le pouvoir d'appréciation souveraine sur l'utilité des travaux à entreprendre. En 1888, la question se représenta à propos des expropriations à poursuivre pour les travaux des nᵒˢ 6 et 7 de l'article Iᵉʳ de la loi modifiée; disons seulement, cette matière n'étant pas comprise dans notre sujet, qu'on revint pour ces expropriations, qui soulèvent des intérêts pécuniaires considérables, à l'application pure et simple de la loi du 3 mai 1841. En conséquence, le jury, pour toutes les expropriations autres que celles des travaux urbains, se compose seulement de quatre jurés, choisis par le tribunal de l'arrondissement sur la liste générale du jury et désignés par le jugement qui prononce l'expropriation; une seule récusation peut respectivement être exercée par l'association et par la partie intéressée. Le magistrat désigné par le tribunal pour présider le jury peut être le juge de paix du canton dans lequel sont situés les immeubles; il a voix délibérative en cas de partage; quant à l'indemnité à fixer, elle comprendra bien entendu la valeur réelle des parcelles expropriées et la dépréciation des parties non expropriées appartenant au même propriétaire, mais comprendra-t-elle

également les dommages qui sont la conséquence de l'expropriation? Il y a ici une distinction à faire ; si les dommages sont permanents et actuels et constituent une
conséquence directe de l'expropriation, ils devront être
compris dans l'indemnité (1) ; si au contraire ils ne sont
qu'éventuels, et ne peuvent être considérés comme une
conséquence directe de l'expropriation, il appartiendra au
Conseil de préfecture de statuer (2).

La procédure entière de l'expropriation est entourée de
formalités protectrices des droits des tiers : la déclaration
d'utilité publique doit être précédée d'une enquête, dont
les formes sont prescrites par l'ordonnance du 18 février 1834, ou par celle du 23 août 1835, suivant qu'il
s'agit de travaux de l'État ou de travaux communaux. La
question s'est pourtant posée de savoir si cette enquête
était bien exigible pour les expropriations opérées par les
associations syndicales ; on faisait observer qu'elle ferait
double emploi avec l'enquête, faite dans les formes prescrites par le décret du 17 novembre 1865 (3), qui précède
la constitution de l'association. Telle était du moins, après
le vote de la loi de 1865, l'avis du ministre des Travaux
publics, qui, dans sa circulaire du 12 août 1865 adressée
aux préfets, écrivait les lignes suivantes : « Lorsqu'il y
aura lieu de déclarer l'utilité publique, vous devrez

(1) Cass. 16 avril 1867, D. P. 67, 1, 392.
(2) Cass. 10 juillet 1888.
(3) Remplacée par le décret de 1894.

m'adresser, avec le projet des travaux à exécuter, les
pièces de l'enquête à laquelle le projet aura été soumis,
en vertu de l'article 10 de la loi, afin que je puisse soumettre le tout à l'examen du conseil d'Etat. » Le ministre
n'admettait donc pas la nécessité d'une seconde enquête.
Mais le conseil d'Etat, par son avis du 4 mars 1873, a
condamné formellement cette interprétation, et exigé une
enquête faite dans les formes ordinaires ; la Cour de cassation a statué dans le même sens (1). Enfin la question a
été définitivement tranchée en législation par la loi
de 1888 ; le projet de loi voté par la Chambre des députés
portait en effet que « l'enquête exigée par l'article 10 tiendrait lieu des autres enquêtes pour la déclaration d'utilité
publique », et le Sénat a rejeté ce paragraphe, pour le
vote duquel la Chambre n'a pas insisté. Cette nouvelle
enquête a peut-être le tort d'augmenter le nombre des
formalités ; mais il nous semble impossible de dire qu'elle
fasse double emploi avec l'enquête qui précède la constitution de l'association, il peut fort bien arriver que les
tiers ignorent la première enquête, et ils ne peuvent être
tenus d'étudier les détails du projet d'une association dont
ils ne veulent pas faire partie, alors surtout qu'à cette
époque l'expropriation de leurs terrains peut ne pas avoir
encore été décidée ; il était difficile de les priver totalement
de la garantie que le législateur a jugé avec raison devoir

____

(1) Cass. 16 juillet 1873. D. P. 73, 1. 336.

appliquer à toute expropriation. Le règlement de 1894 a,
en conséquence, confirmé cette interprétation et déterminé
par son article 49 les formes de cette enquête.

Il n'est pas inutile de revenir un instant sur l'arrêt de
la Cour de cassation que nous venons de citer, particulièrement intéressant par les principes qu'il a posés. La
cour a déclaré, en effet, non seulement que l'enquête
ordinaire était nécessaire, mais aussi que l'article 12 de la
loi de 1841, qui exige seulement, au lieu de l'avis d'une
commission d'enquête, l'avis du Conseil municipal dans le
cas d'expropriation poursuivie dans un intérêt purement
communal, et pour l'ouverture et le redressement de chemins vicinaux, n'était pas applicable, comme constituant
une disposition exceptionnelle dont l'application devait
être strictement restreinte aux cas prévus par le texte.
Elle a ainsi déclaré que l'article 18 de la loi de 1865, en
renvoyant pour la procédure à suivre à l'article 16 de la
loi de 1836, avait laissé subsister les formes de procédure
générales auxquelles cet article n'apportait pas de modifications, et spécialement qu'en l'absence d'un renvoi fait
par la loi de 1865 à l'article 12 de la loi de 1841, il fallait
appliquer les dispositions générales de cette loi (articles 8,
9, et 10), qui régit aujourd'hui l'expropriation, et non la
disposition exceptionnelle de cet article 12.

Il est donc permis de dire, dans ces conditions, que la
formule d'apparence large de l'article 18 de la loi de 1865
ne s'applique qu'à la seule procédure devant le jury d'expropriation, dont traite exclusivement l'article 16 de la loi

de 1836 (1). Toutes les autres formalités protectrices de la loi de 1841 devront être appliquées aux expropriations poursuivies par les associations syndicales.

Et en conséquence, M. Gain (2) applique à ces expropriations les formalités de la loi de 1841, relatives à la publication, à la notification, à la transcription du jugement, à la purge des hypothèques, au règlement et au paiement des indemnités dues aux fermiers, locataires ou autres titulaires de droits réels, enfin aux voies de recours en cassation contre le jugement prononçant l'expropriation, ou contre la décision du jury et le procès-verbal du magistrat président (3).

IV. — Exercice des servitudes d'irrigation.

Lorsqu'un propriétaire ne peut se servir de l'eau dont il a le droit de disposer qu'à la condition de conduire cette eau, pour la faire parvenir jusqu'à son fonds, à travers le fonds d'un propriétaire voisin, ce dernier pourrait lui imposer pour l'acquisition de ce droit de passage des condi-

(1) Cet article traite bien aussi de la déclaration d'utilité publique, mais nous savons que la loi de 1865 a expressément dérogé à cette disposition.

(2) *Op. cit.* § 250.

(3) Cf. dans le même sens, Godo.Tre. *Op. cit.* § 178.

tions exorbitantes qui, dans la pratique, mettraient un obstacle absolu à l'exercice de son droit de disposition. Le législateur a reconnu qu'il y avait là, outre l'atteinte portée à un droit individuel, un préjudice causé à l'agriculture, et il a en conséquence, par la loi du 29 avril 1845, autorisé le propriétaire à demander à la justice elle-même le droit que son voisin lui refuse, ou dont il soumet l'acquisition à un prix trop élevé. L'intérêt de ce voisin est sauvegardé d'ailleurs par le droit étendu d'appréciation réservé au tribunal qui juge souverainement, en s'attachant à l'intérêt de l'agriculture et non à la simple convenance personnelle du demandeur, si ce droit doit lui être accordé, moyennant le paiement d'une juste et préalable indemnité. Un propriétaire peut, pour des motifs analogues, avoir le besoin de passer à travers un fonds étranger pour conduire à la rivière les eaux qu'il a en trop grande abondance; la même loi lui accorde ce droit dans les mêmes conditions. C'est ce qu'on nomme la servitude d'aqueduc.

Ce recours à la justice par un propriétaire non riverain, dans l'intérêt de l'agriculture, existe aussi pour le propriétaire riverain. En vertu du code civil, en effet, celui qui était propriétaire des deux rives, jouissait tout naturellement du droit d'établir les ouvrages qui lui étaient utiles dans le cours d'eau; mais celui qui n'était propriétaire que d'une seule rive ne possédait pas la faculté de faire le moindre établissement sur la rive opposée; ce qui, dans la pratique, pouvait mettre obstacle à son droit d'irriga-

tion. Lorsqu'en effet les rives sont sensiblement plus élevées que le niveau des eaux, il est absolument nécessaire,
pour capter une partie de ces eaux, d'élever leur niveau,
et ce résultat ne peut s'obtenir que par la construction
d'un barrage, qui doit forcément s'appuyer sur la rive
opposée. La loi du 11 juillet 1847 a créé la servitude d'appui pour les motifs mêmes qui justifiaient l'exercice de la
servitude d'aqueduc, afin que le propriétaire, en s'adressant
à la justice, puisse triompher de la résistance ou des pré-
tentions exagérées de son voisin.

Enfin la loi du 10 juin 1854 est venu concéder au propriétaire qui veut drainer ses terres une faveur beaucoup
plus grande encore. Les lois de 1845 et de 1847 rempla-
çaient, en cas de besoin, l'autorisation du voisin par celle
de la justice, mais une autorisation préalable restait toujours nécessaire; la loi de 1854 a établi pour le propriétaire qui veut se débarrasser des eaux nuisibles de son
fonds, le droit de les faire passer à travers un fonds voisin, sans avoir aucune autorisation à demander. Le mécanisme de la servitude est donc renversé, et la justice n'est
plus appelée quand il s'agit de drainage qu'à fixer le
chiffre de l'indemnité, à défaut d'entente entre les propriétaires, sans avoir à statuer sur l'utilité des travaux.

Il existe entre ces lois certaines autres différences, d'a-
bord au point de vue de la compétence du juge appelé à
prononcer : pour la servitude d'aqueduc et la servitude
d'appui, le juge compétent est le tribunal civil; pour le
drainage, c'est le juge de paix du canton; on avait justifié

dans ce cas l'inutilité de s'adresser au tribunal civil par la moindre importance du rôle attribué au juge, qui n'a pas à statuer sur le principe du droit à la servitude.

Ensuite la loi de 1845 et celle de 1854 exemptent de la servitude les maisons, cours, jardins, parcs et enclos attenant aux habitations, tandis que la loi de 1847 soumet à l'exercice de la servitude d'appui les parcs et les enclos ; la nature même de cette servitude l'empêche en effet de leur causer un préjudice sérieux.

Avant 1865, on se demandait si les associations syndicales pouvaient réclamer le bénéfice de ces diverses servitudes, établies en faveur des propriétaires qui voulaient se servir ou se débarasser des eaux dont ils avaient personnellement le droit de disposer, tandis que l'association, personne civile, n'a aucun droit personnel sur ces eaux ; pouvait-elle exercer ceux de ses associés, dont la personnalité est distincte de la sienne ? Cette question a été tranchée par la loi de 1865, qui a accordé formellement aux associations le droit d'exercer ces servitudes, et qui a même établi pour cet exercice par les associations autorisées des formalités particulières. (Quant aux associations libres, il résulte des travaux préparatoires qu'elles restent soumises au droit commun.) L'article 19 dispose, en effet, que lorsqu'il y aura lieu à l'établissement de servitudes, conformément aux lois, en faveur des associations syndicales, leurs contestations seront jugées conformément à l'article 5 de la loi du 10 juin 1854 ; elle donne donc dans tous les cas compétence au juge de paix, même lorsqu'il s'agit, non plus seulement de fixer le chiffre de l'indemnité, mais aussi de statuer sur l'utilité même de la servitude. Depuis cette époque d'ailleurs, la loi du 15 décembre 1888 a accordé aussi explicitement la servitude d'aqueduc pour la submersion des vignes aux associations contre le phylloxera.

Malgré les termes formels de l'article 19, deux points ont pourtant encore été contestés ; d'abord l'exemption accordée par les lois que nous venons de citer aux maisons, cours, jardins et enclos continuerait-elle à s'appliquer dans le cas où la servitude serait exercée par une association syndicale ? Mais le commissaire du gouvernement a explicitement déclaré, à deux reprises, que les servitudes établies par l'article 19 n'étaient autres que celles créées par les lois que nous venons de citer, avec modification seulement en ce qui concernait la compétence ; et d'ailleurs nous ne saurions, pour notre part, admettre sans un texte précis que l'exercice d'un droit par une association puisse avoir pour effet de supprimer les garanties appartenant aux tiers au cas de son exercice par un simple particulier.

Le second point soulève une question plus grave, surtout en présence de l'interprétation qu'a semblé lui donner le commissaire du gouvernement. Au cours de la discussion à la Chambre, un député ayant demandé si les associations n'auraient le droit d'imposer aux propriétés que les servitudes dont l'utilité publique aurait été reconnue, le commissaire du gouvernement répondit qu'il l'entendait bien ainsi. On a prétendu alors, soit qu'il devrait y avoir une véritable déclaration d'utilité publique, soit que l'approbation préfectorale en tiendrait lieu. Mais la loi ne prévoit pour l'établissement des servitudes ni déclaration d'utilité publique, ni approbation préfectorale ; le commissaire du gouvernement a peut-être simplement voulu dire, répondant d'ailleurs au vœu de ces diverses lois, que le juge de paix ne devrait autoriser l'établissement de la servitude que lorsqu'il lui reconnaîtrait un caractère d'utilité publique, c'est-à-dire un avantage réel pour l'agriculture, dans le cas des servitudes d'aqueduc ou d'appui, où le tribunal était juge de l'opportunité de leur exercice, en même temps que du chiffre de l'indemnité à accorder.

Pourtant cette interprétation est assez difficile à concilier, nous devons le reconnaître, avec la jurisprudence de la Cour de cassation, qui a déclaré (1) que « si aux termes de l'article 19 de la loi du 21 juin 1865, il appartient au juge de paix non seulement de fixer l'indemnité due pour les servitudes réclamées par les associations syndicales autorisées, mais aussi de vérifier si l'établissement desdites servitudes est ou n'est pas conforme aux lois, et dans ce dernier cas, d'en refuser l'exécution, il ne résulte pas de l'article précité que le juge ait le droit de remettre en question l'opportunité de travaux régulièrement approuvés par l'autorité administrative et d'en modifier le mode d'exécution. » Cette jurisprudence ne tend-elle pas, en somme, à re-

(1) Cass. 26 mai 1880. D. P. 80, 1, 227.

mettre entre les mains de l'autorité administrative active seule l'appréciation de l'utilité publique que peut présenter dans chaque cas particulier l'établissement de ces servitudes ?

CHAPITRE SIXIÈME

Nous n'avons plus, pour achever cette revue des diverses phases de la vie civile des associations, qu'à étudier les modifications qui peuvent leur être apportées, et enfin leur dissolution.

Les associations peuvent se modifier ou se dissoudre de deux manières, soit de leur propre initiative, soit par la seule volonté de l'autorité administrative.

La matière des modifications proposées par les intéressés n'avait été réglée par la loi de 1865 qu'en ce qui concernait la transformation des associations libres en autorisées, ainsi que nous l'avons déjà exposé ; quant aux simples modifications, soit de l'acte social, soit du périmètre, la loi n'avait pas eu à s'en préoccuper pour les associations libres, en raison de leur liberté même, mais elle avait à tort négligé de réglementer la matière pour les associations autorisées : les articles 68 à 70 du règlement ont comblé cette lacune. Ces modifications peuvent consister, soit dans l'augmentation des travaux primitivement prévus, soit dans un changement apporté aux statuts, mais elles ne peuvent bien entendu avoir pour objet le changement du but poursuivi par l'association ; dans ce dernier cas il y aurait lieu à la constitution d'une nouvelle association, et à la dissolution de la première. Les dispositions du règlement sont d'ailleurs très simples ; elles donnent l'initiative de la modification soit au préfet, soit au syndicat, soit au quart au moins des associés ; le vote appartient à l'assemblée générale dans les conditions de majorité fixées par l'article 12 de la loi, et la procédure est également la même que celle qui est prévue pour la constitution de l'association : les droits des intéressés eux-mêmes et des tiers sont ainsi sauvegardés. Il y aura donc lieu à l'exercice des recours autorisés par la loi de 1865 contre la constitution de l'association ; le règlement ne dispense de toutes ces formalités que l'agrégation volontaire et conforme aux statuts de nouveaux membres de l'association, agrégation que l'on avait parfois voulu présenter comme une modification de cette association, et qui n'est au contraire dans la plupart des cas qu'un effet de son développement normal.

Les intéressés peuvent-ils, par l'effet de leur propre volonté, dissoudre l'association qu'ils ont constituée ? Ils peuvent, comme nous l'avons vu, demander individuellement la nullité ou la limitation de leur engagement, ou même la nullité de l'association elle-même, à l'occasion du recouvrement des taxes, mais peuvent-ils demander par voie principale la dissolution de l'association ? Ici

encore aucun doute n'existait pour les associations libres,
nées de la seule volonté des intéressés, mais dans le silence de la loi de 1865, la question était controversée en ce
qui concernait les associations autorisées : si elles peuvent
procéder de l'initiative des intéressés, elles doivent toujours en effet leur existence à un acte de l'autorité administrative ; peuvent-elles y mettre fin sans l'intervention de cette autorité ? L'article 71 du règlement leur
reconnaît expressément ce droit en décidant que la dissolution, après avoir été votée par l'assemblée générale ordinaire, pourra être prononcée par une délibération de
l'assemblée générale de tous les associés, prise conformément aux articles 11 et 12 de la loi. Le règlement, en
exigeant ainsi le vote par l'assemblée générale, s'est mis
en opposition avec une doctrine qui admettait le droit de
dissolution des associés dans des conditions plus larges,
en en soumettant seulement l'exercice aux prescriptions
de l'article 1869 du Code civil, c'est-à-dire en permettant
à un ou plusieurs membres de la rendre obligatoire en si-
gnifiant leur volonté de renoncer, pourvu seulement que
cette renonciation ne fût pas faite de mauvaise foi et à
contre-temps. Cette doctrine avait été sanctionnée par un
arrêt de la Cour de Nancy (1), dont nous extrayons
l'exposé de principes suivant : « Attendu qu'aux termes
de l'article 1869 du Code civil, la dissolution de la société
par la volonté de l'une des parties s'applique seulement

(1) 19 mars 1892. D. P. 93, 2, 21.

aux sociétés dont la durée est illimitée, et s'opère par une
renonciation notifiée à tous les associés, mais à condition
que cette renonciation soit de bonne foi et ne soit pas faite
à contre-temps ; que l'association syndicale dite Syndicat
du Canal de la Haute-Marne est une société à durée illimitée, que dès lors les appelants avaient le droit, en se
conformant aux exigences de la loi, de s'affranchir à leur
volonté du lien social, mais que cette faculté ne leur était
ouverte qu'à la condition expresse que, faite de bonne
foi, leur retraite ne serait pas intempestive..... »

Cette jurisprudence est donc absolument condamnée par
l'article 71 du règlement, et, nous semble-t-il, avec raison ;
les associations syndicales ne pourraient exécuter les
travaux pour lesquels elles se constituent, et surtout ne
pourraient parvenir à recruter des adhérents, si leur existence devait être subordonnée à la seule volonté de quelques-uns des membres qui les composent ; si le droit
de contrôle reconnu à l'autorité administrative ne peut
suffire sans aucun doute à interdire d'une façon absolue
aux associés de mettre fin de leur propre volonté à l'association, il justifie complètement, au contraire, une sage
réglementation consistant à limiter l'exercice de ce droit
de dissolution au cas où elle est votée par une majorité
semblable à celle qui a suffi pour constituer l'association.

Le règlement a enfin assuré la sanction de ces dispositions en en confiant l'exécution au syndicat, qui répartira
les taxes à percevoir pour la liquidation des dettes entre
les associés, et en donnant le droit au préfet, en cas d'inac-

tion du syndicat, de désigner un agent spécial à cet effet.

Passons aux modifications ou à la dissolution imposées par l'autorité administrative. En ce qui concerne les modifications, un mot suffira ; toute modification doit être votée par l'assemblée générale, et le préfet partage seulement, comme nous l'avons vu, avec le syndicat ou le quart au moins des associés, le droit de proposer ces modifications. Mais en ce qui concerne la dissolution, l'administration devait avoir des droits plus étendus, justifiés par le pouvoir qui lui est reconnu d'intervenir pour faire cesser un état de choses nuisible à l'intérêt public. Nous avons vu qu'elle peut faire exécuter les travaux que l'association laisserait inachevés ; elle jouit d'une prérogative aussi importante quand l'association n'entreprend même pas les travaux pour l'exécution desquels elle s'est constituée ; le préfet peut alors, en vertu de l'article 25 de la loi de 1865, rapporter, après mise en demeure, l'arrêté d'autorisation, et l'association entre de plein droit en liquidation. L'article 67 du règlement exige aujourd'hui un délai d'un mois entre la mise en demeure et le retrait d'autorisation ; d'autre part, il faut tenir compte de ce qu'un décret en Conseil d'État devrait intervenir, si l'autorisation avait été accordée en cette forme. La liquidation se fera alors en vertu des droits que les articles 71 et 72 du règlement confèrent au préfet ; elle ne sera d'ailleurs généralement pas de nature à soulever de grandes difficultés, puisque les travaux ne seront même pas encore commencés.

Que deviennent les associations autorisées, après le re-

trait de l'autorisation? On a soutenu qu'elles continuaient
à subsister comme associations libres (1). Mais la majeure
partie de la doctrine a repoussé avec raison cette opinion ; les associations libres ne peuvent se constituer que
par le consentement de tous les associés, et l'association
frappée du retrait d'autorisation se sera constituée le plus
souvent à la majorité : on ne peut donc contraindre la
minorité à faire partie malgré elle d'une association libre.
La continuation de l'existence de l'ancienne association
autorisée comme association libre ne pourra donc se présenter que dans deux cas, lorsqu'elle se sera originairement constituée par le consentement unanime de ses
membres, ou encore lorsqu'il s'agira d'une ancienne association libre convertie ensuite en association autorisée.

Le retrait d'autorisation est donc exclusivement subordonné, d'après l'article 25, à l'hypothèse où l'association
n'a pas entrepris les travaux en vue desquels elle a été
constituée. Si les travaux ont été entrepris et ensuite
abandonnés, ou si l'entreprise périclite, l'administration
ne pent qu'user du droit de coercition qui lui est reconnu
par le même article, mais elle n'est pas en droit de prononcer la dissolution. Pour remédier à cette situation,
certains décrets d'autorisation avaient stipulé le droit pour
le ministre de prononcer la déchéance, au cas ou les prescriptions qui y étaient insérées ne seraient pas observées,
mais le Conseil d'État a, par plusieurs avis successifs (2),

(1) Maulde. *Journal des Communes.* 1865, p. 417.
(2) Avis du 17 mars 1881. du 23 janvier 1883, du 17 mai 1887.

désapprouvé ces dispositions. Il admet seulement la faculté
pour l'administration de prononcer la déchéance lorsqu'elle est prévue par les statuts (1) ; mais dans l'application cette mesure présenterait des difficultés presque
insurmontables. La déchéance prononcée dans ces conditions aurait pour effet naturel de délier les associés vis-à-
vis de l'association, c'est-à-dire de les priver d'une part
de leur droit à l'eau, mais de les libérer aussi d'autre part
de l'obligation de payer leurs cotisations ; il faudrait alors
que l'État ou prît à son compte la charge de l'entreprise,
ou la soumît à une adjudication en dressant un cahier des
charges complet pour l'entretien futur des travaux. Nous
n'avons pas besoin d'insister sur la responsabilité qui pè-
serait sur lui de ce chef, et sur les inconvénients d'une
telle mesure ; on ne peut donc regretter qu'elle n'ait pas
été laissée à la discrétion de l'administration, même dans
son propre intérêt.

(1) Avis du 30 juin 1886.

CHAPITRE VII

Il nous reste peu de chose à dire sur la question de compétence après les développements donnés à chacune des matières de cette étude ; nous avons indiqué toutes les contestations qui pouvaient s'élever à l'occasion des actes soit de l'association, soit de l'administration ; nous ne pouvons que rappeler rapidement, d'après cet exposé, les principales règles auxquelles est soumis le contentieux des associations syndicales, règles d'ailleurs fort simples depuis la loi de 1865 et le règlement de 1894.

Pour les associations libres, aucune question ne saurait évidemment même se poser. Elles sont sociétés civiles, soumises entièrement aux règles du droit privé ; elles sont donc exclusivement placées sous la juridiction de l'autorité judiciaire, pour toutes les contestations quelconques auxquelles peuvent donner lieu les différents actes de leur vie civile. Le Conseil d'État a même assuré le respect de ce principe dans des conditions de fait où son application pouvait paraître douteuse ; il a décidé que l'autorité judiciaire était seule compétente pour interpréter un acte notarié constitutif d'une association libre, alors même que cette association s'était plus tard transformée en syndicat administratif (1).

Pour les associations autorisées, il semblerait, si l'on se préoccupait exclusivement de l'esprit qui a présidé à leur organisation et à leur développement en France, que la compétence judiciaire devrait également leur être appliquée en principe, sauf les cas où la compétence administrative serait indiquée par des textes spéciaux; les orateurs ont eu soin de répéter, lors de la préparation des diverses lois qui leur sont applicables, qu'elles étaient instituées avant tout pour favoriser le réveil de l'initiative privée, pour inviter les particuliers à se grouper et à exécuter à l'aide de ce groupement des travaux qu'ils ne pouvaient accomplir seuls, et auxquels l'État ne devait pas non plus consacrer les finances publiques : il interviendrait seulement pour leur accorder son concours et la protection qui leur était nécessaire. Cette protection a-t-elle paru devoir aussi se traduire par l'attribution du contentieux de ces associations à la juridiction administrative? toujours est-il qu'à chaque étape de la vie civile de l'association autorisée nous avons vu intervenir les tribunaux administratifs, et qu'il n'a guère été réservé aux tribunaux judiciaires que le domaine étroit qui, en vertu des principes généraux, ne saurait jamais leur échapper.

____

(1) Conseil d'État, 14 mars 1873. Lebon, p. 246.

C'est le Conseil de préfecture qui tranche la plupart des contestations relatives aux associations syndicales, mais, comme nous le savons, il n'exerce ce droit que parce qu'un très grand nombre de textes le lui ont confié ; il n'est pas juge de droit commun en matière administrative et n'a donc compétence que sur les matières dont le contentieux lui a été expressément attribué.

L'association est constituée par un acte de l'administration, par l'arrêté d'autorisation du préfet ; c'est donc à l'autorité administrative qu'il appartient d'apprécier la validité de cet acte, en jugeant toutes les contestations relatives à la formation de l'association : nous avons vu les différents recours, gracieux, contentieux et pour excès de pouvoir qui peuvent être dirigés contre l'arrêté d'autorisation, et il est bon de rappeler ici les différences qui existent entre ces divers recours, au point de vue des règles générales de la compétence. En principe, les recours contre l'arrêté préfectoral doivent être portés devant le Conseil d'État, la loi a institué à cet effet un recours gracieux qui, par sa nature, ne met d'ailleurs pas obstacle à l'exercice du recours pour excès de pouvoir. Les Conseils de préfecture sont donc incompétents au premier chef pour prononcer la nullité de cet acte administratif : un tel pouvoir ne rentre pas dans leurs attributions ; pour le même motif ils ne peuvent sur la demande des parties, soit contraindre le syndicat à appliquer régulièrement les prescriptions des statuts, soit prononcer la dissolution de l'association. Mais il ne s'ensuit pas de là qu'ils ne puissent être appelés à

examiner ces questions, lorsque la solution en est nécessaire pour qu'ils puissent statuer sur des litiges de leur
compétence ; la loi de 1865 l'a expressément reconnu en instituant un délai à l'expiration duquel la validité de l'association ou la qualité d'associé ne pourront plus être con-
testées, et la jurisprudence a fortifié encore ce principe en
donnant au Conseil de préfecture, comme nous l'avons vu,
les pouvoirs les plus étendus pour vérifier la validité de
l'acte constitutif de l'association, à l'occasion des contestations relatives aux taxes qui sont portées devant lui,
pourvu qu'il n'empiète pas sur le domaine même de l'administration active. Dans ces conditions, le Conseil de préfecture ne prononcera pas bien entendu la nullité de l'acte
soumis à son examen, il n'a pas ce droit ; mais il refusera
de lui laisser produire les conséquences qu'il devrait nécessairement produire, si sa validité était reconnue ; il exerce
une mission analogue à celle des tribunaux judiciaires qui
sont en droit de vérifier la légalité des actes administratifs
dont on leur demande l'application, sans avoir la faculté
d'en ordonner la suppression. C'est ainsi que le Conseil
de préfecture peut accorder à un réclamant décharge de
la taxe qui lui est imposée, s'il juge que l'association n'a
pas été constituée dans les formes régulières, ou que les
obligations statutaires n'ont pas été accomplies par le syndicat.

Sur l'application des statuts, les contestations devront
être directement portées, en l'absence de texte, au Conseil d'État, juge de droit commun en matière administra-

tive ; en ce qui concerne les élections des syndics, nous avons discuté la compétence nouvellement reconnue par le règlement de 1894 au Conseil de préfecture, en l'absence de texte législatif et contrairement à la jurisprudence même du Conseil d'État.

Les contestations relatives au recouvrement des taxes appartiennent au Conseil de préfecture, dans les limites que nous venons d'indiquer vis-à-vis de l'administration active ; il faut faire exception pourtant pour les actes de poursuite dont il ne peut apprécier la validité ; le commandement et la saisie sont de la compétence de l'autorité judiciaire, parce que les formes en ont été réglées par le Code de Procédure civile (1).

Pour les travaux, nous avons indiqué que le caractère de travaux publics reconnu aux travaux des associations autorisées ne pouvait plus être mis en doute depuis l'article 16 de la loi de 1865 ; c'était dire en même temps que les litiges concernant l'exécution de tous ces travaux, soit entre l'association et les entrepreneurs, soit à l'occasion de dommages, étaient de la compétence des Conseils de préfecture, sauf bien entendu la réserve de la compétence judiciaire en cas d'expropriation.

Cette compétence du Conseil de préfecture motivée par le caractère des travaux publics, a même été étendue à des hypothèses où elle semblait ne pas résulter des textes : nous voulons parler du cas où l'un des associés intente

____

(1) Conseil d'État 31 mai 1854. Lebon, p. 517.

directement contre l'association elle-même une action fondée sur l'application de l'acte d'association ou des statuts, par exemple sur l'inexécution de l'engagement que l'association avait contracté envers lui, en lui demandant son adhésion; n'y avait-il pas là un contrat de société relevant de la juridiction de l'ordre judiciaire? Le Tribunal des conflits (1) a refusé avec raison de faire cette distinction, en se fondant sur ce que les travaux des associations étant des travaux publics, les contestations qui s'élevaient entre les associés à l'occasion de leur exécution devaient être également de la compétence du Conseil de préfecture.

Quel est donc le domaine réservé à l'autorité judiciaire? Nous avions raison de dire qu'il était infime et que la juridiction des tribunaux ordinaires ne constituait ici qu'une juridiction d'exception. Elle statue d'abord, en vertu des principes généraux, sur les questions de propriété qui peuvent se présenter à l'occasion d'un litige administratif et qui contraignent la juridiction administrative à surseoir jusqu'à leur jugement par les tribunaux judiciaires (2), elle statue ensuite, comme nous l'avons vu, sur les difficultés relatives à l'expropriation, à l'exercice des servitudes établies par les lois des 29 avril 1845, 11 juillet 1847 et 10 juin 1854, et enfin sur les contesta-

(1) 7 août 1880. Lebon, p. 756. — Voir aussi 11 décembre 1880. Lebon, p. 1005. — Conseil d'État, 14 janvier 1881. Lebon, p. 43.
(2) Conseil d'État, 8 janvier 1886. Lebon, p. 9.

tions portant sur la forme des actes de poursuite en
matière de recouvrement des taxes. Elle statue également
sur l'action exercée par un syndicat contre un tiers qui a
profité des travaux de l'association, action essentiellement
fondée sur un quasi-contrat de gestion d'affaires (1).

Mais une grave question avait été soulevée au sujet de
ces contrats de droit civil qui pouvaient avoir été conclus à
l'occasion des travaux d'une association syndicale. Le
Tribunal des conflits (2) a décidé que la convention par
laquelle un syndicat d'arrosage avait contracté, avec
l'autorisation du gouvernement, un emprunt sous forme
d'obligations au porteur, était un acte purement civil, et
en conséquence, qu'il appartenait aux tribunaux judiciaires de statuer sur l'assignation adressée par les por-
teurs d'obligations aux représentants de l'association à
l'effet de les contraindre à l'exécution des engagements
par eux pris dans les actes de réalisation de cet emprunt.
L'interprétation d'actes administratifs, si elle devenait
nécessaire, serait d'ailleurs réservée à la juridiction administrative sur sursis des tribunaux judiciaires. Il y a là un
conflit assez curieux entre le caractère éminemment civil
du contrat passé par l'association, qui motive la compétence judiciaire, et le caractère de travaux publics des
travaux à l'occasion desquels ce contrat a naturellement
été passé.

(1) Conseil d'État, 13 juin 1867. Lebon, p. 564.
(2) Tribunal des conflits, 11 décembre 1880. Lebon, p. 1005,

L'autorité judiciaire serait également compétente, si l'acte constitutif du syndicat avait été annulé pour excès de pouvoir, car les travaux exécutés perdraient le caractère de travaux publics (1). Il en serait naturellement de même s'il s'agissait d'apprécier des conventions antérieures à la formation d'un syndicat de desséchement et d'après lesquelles des propriétaires auraient été déchargés de l'obligation de contribuer à l'entretien des anciens ouvrages de dessèchement (2).

Enfin la doctrine et la jurisprudence font une distinction, quant à la compétence, entre les dommages résultant de l'établissement ou du défaut d'entretien d'un travail public, tel qu'un canal d'irrigation, et ceux qui sont dus aux fautes commises dans l'exploitation industrielle et commerciale de ce même travail : les tribunaux administratifs sont compétents dans la première hypothèse, les tribunaux judiciaires le sont dans la seconde. Il importe de signaler pourtant une décision du Tribunal des conflits (3), qui a jugé que l'action en dommages-intérêts pour non livraison des eaux à un membre d'une association, constitue une difficulté en matière de travaux publics, dont il appartient au Conseil de préfecture de connaître, sans distinguer entre les faits qui se rattachent à la construction du canal et ceux qui se rattachent à son exploitation.

(1) Tribunal des conflits, 18 juillet 1874. Lebon, p. 704.
(2) Conseil d'État, 31 janvier 1891. Lebon, p. 80.
(3) Tribunal des conflits, 13 décembre 1890. Lebon, p. 960.

Nous n'avons plus enfin qu'à citer la juridiction exceptionnelle de la Cour des Comptes qui juge les comptes présentés par les comptables des associations, soit directement, lorsque le revenu de l'association dépasse trente mille francs, soit sur appel des Conseils de préfecture, lorsque ce revenu est inférieur à ce chiffre.

Nature du droit créé par l'adhésion d'un propriétaire
à l'association syndicale (1).

« Il est nécessaire, disait M. Mège, député, lors de la
discussion de la loi de 1865, que la qualité de propriétaire
et la qualité d'associé se trouvent toujours réunies sur la
même tête. Les associations syndicales, en effet, ont pour
but de sauvegarder les intérêts agricoles, elles ont souvent
un double résultat : d'abord d'imposer à certains héritages
une charge pour l'utilité et l'usage d'autres héritages,
c'est-à-dire une servitude conventionnelle, ensuite d'établir
à l'encontre des associés des obligations purement personnelles, le paiement de cotisations, de taxes. Eh bien,
je demande ce qui arrivera lorsqu'un des associés perdra
sa qualité de propriétaire, soit par suite d'une vente volontaire, soit par suite d'une vente forcée, d'une adjudication. Supposons qu'un associé, et je parle ici des associations librement contractées, qui impliquent l'adhésion
unanime des associés, vende sa propriété, qu'il n'indique

_____

(1) Nous plaçons ici, dans deux dernières sections, l'étude du droit
créé par l'adhésion d'un propriétaire à l'association syndicale, et la
recherche du caractère d'établissements publics ou d'utilité publique,
appartenant aux deux sortes d'associations ; ces questions nous ont
paru, pour les motifs indiqués au chapitre premier, ne pouvoir être
traitées qu'après un examen complet de la vie civile des associations
syndicales.

pas dans le contrat, soit les obligations que sa qualité de
membre d'une association syndicale a fait naître pour lui,
soit les servitudes imposées à la propriété vendue.
Qu'arrivera-t-il dans ces circonstances ? Les obligations
qui pesaient sur l'associé vendeur passeront-elles de plein
droit sur l'acquéreur ? ou ce dernier sera-t-il un succes-
seur, un simple ayant-cause, n'étant pas soumis aux obligations personnelles de son vendeur ? Il y a là dans ma
pensée, messieurs, une question excessivement grave,
excessivement délicate, et les observations que je présente
s'appliquent non seulement aux ventes faites librement,
mais encore aux adjudications publiques, aux adjudications forcées ; elles s'appliquent aux associations librement
contractées, elles s'appliquent également aux associations
autorisées. J'aurais donc mieux aimé dans le projet un
article qui aurait dit que pour les associations libres et
autorisées, pour toutes celles qui ont été publiées, les
obligations qui incombaient à la société pèseraient d'une
manière directe et formelle sur le nouvel acquéreur, même
en l'absence de toute stipulation. »

Voici la réponse du commissaire du gouvernement :
« Je ne suis pas en mesure de répondre aux observations
de l'honorable préopinant : je ne crois pas que la loi puisse
prévoir tous les cas, toutes les difficultés qui pourraient
s'élever entre un tiers et un propriétaire engagé dans une
association syndicale, et qui, depuis son engagement, aura
cédé sa propriété ; je crois que l'obligation est plutôt réelle
que personnelle. Ce sont des propriétaires qui sont enga-

gés dans l'association : cette nature de société forme des communautés territoriales : c'est donc la propriété qui, en raison des avantages qu'elle doit retirer, est redevable des taxes qui sont assimilées aux contributions directes. »

Cet extrait de la discussion parlementaire établit nettement la position et l'importance de cette question, qui malheureusement, il faut le dire de suite, n'a pas été tranchée par la loi ; les observations du commissaire du gouvernement ne nous fournissent qu'une opinion personnelle, et encore fort hésitante ; mais nul texte de loi, pas plus en 1888 qu'en 1865, n'est venu fixer irrévocablement ce point. Tout au plus peut-on penser que le législateur, s'il avait parlé, aurait adopté la solution exprimée par le commissaire du gouvernement et justifiée par les développements mêmes que M. Mège a cru devoir donner à la question qu'il lui posait. Si en effet l'association possède sur tous les immeubles compris dans le périmètre un droit réel, si elle reste indifférente aux transmissions de propriété qui pourront s'opérer, parce que les propriétaires successifs acquerront tous une propriété grevée de l'obligation contractée envers l'association par le premier propriétaire, sa situation financière est presque assurée, elle peut exécuter les travaux de longue haleine pour lesquels elle a été créée, et n'a pas à craindre des défections qui la privent de ses ressources ; si au contraire ce droit n'est qu'un droit personnel, attaché à la personne des adhérents, et que le fait seul de n'avoir pas fait connaître à leurs acheteurs l'obligation qu'ils avaient contractée maintienne cette obligation sur leurs têtes au lieu de la faire passer à ces acheteurs, l'association est à la merci des adhérents primitifs qui voudront se libérer : ils n'auront qu'à vendre leurs propriétés, et comment alors l'association pourra-t-elle pratiquement poursuivre sur eux l'exécution de l'engagement qu'ils ont contracté ? (1).

Ce sont ces motifs puissants qui ont certainement décidé les auteurs du règlement de 1894 à trancher formellement la question, en édictant, par l'article 2, que « les obligations qui dérivent de la constitution de l'association syndicale sont attachées aux immeubles compris dans le périmètre et les suivent en quelques mains qu'ils passent, jusqu'à la dissolution de l'association ». Mais, malgré l'existence de ce texte réglementaire, il n'y a pas moins intérêt, en nous référant encore une fois à l'observation générale que nous avons présentée au début de cette étude sur le droit que peuvent exercer les auteurs d'un règlement d'administration publique de trancher des questions autres que des questions d'exécution, à examiner au moins dans leurs grandes lignes les théories soutenues avant 1894 sur la réalité ou la personnalité du droit ainsi créé; si son caractère de réalité nous apparaît d'une façon certaine, aucun doute ne pourra subsister sur la légalité de l'article 2 du règlement.

(1) L'article 9, modifié par la loi du 22 décembre 1888, a exigé un engagement personnel garanti par des sûretés, vis-à-vis des créanciers et des tiers; il n'a rien changé à la situation des associés vis-à-vis de l'association.

En ce qui concerne les associations autorisées pour des travaux dont l'exécution pourrait être imposée aux propriétaires en vertu des lois spéciales sur le curage des cours d'eaux non navigables, sur le dessèchement des marais, l'endiguement des fleuves et des torrents, les auteurs sont d'accord pour proclamer la réalité du droit; et M. Aucoc (1) résume leurs diverses opinions en termes excellents : « Que l'administration exécute ces travaux pour la première fois, ou bien qu'elle entretienne ou répare les travaux exécutés, c'est toujours, dit-il, au propriétaire actuel qu'elle demande une contribution. C'est incontestablement la propriété elle-même qui est grevée de l'obligation de concourir aux dépenses des travaux ordonnés en vertu des dispositions de la loi. On ne saurait contester l'application de la même règle quand les associations syndicales autorisées, agissant avec l'approbation de l'administration, se mettent en son lieu et place pour l'exécution des mêmes travaux. L'obligation qui dérive, pour la propriété comprise dans le périmètre d'une association autorisée, du vote de la majorité des intéressés a, en vertu de la loi, le caractère et la force coercitive qui appartiennent aux actes de l'administration. » M. Gain (2) adopte la même opinion, mais en donnant des motifs un peu différents, et en s'appuyant notamment sur l'article 1370 du Code civil : « En principe, dit-il, on ne saurait considérer comme une

(1) *Op. cit.* T. II, § 888.
(2) *Op. cit.* § 16, 17 et s.

aliénation du droit de propriété l'engagement souscrit par
un propriétaire de faire partie d'une association syndicale,
quand les travaux que poursuit cette association constituent une restriction ou modification du droit de propriété,
que le législateur se réserve d'imposer, si l'intérêt public
est en jeu. Il y a là l'exécution d'une obligation légale, et à
l'égard des associés, la réalisation par contrat de l'engagement involontaire dont parle l'article 1370 du Code civil.
Il n'y aura pas davantage création d'un droit réel nouveau,
parce que la souscription du propriétaire de l'immeuble
ne démembre pas son droit de propriété, mais donne une
forme ou un mode d'exécution à la restriction légale qui
frappe l'immeuble, et peu importera la personne qui le
détiendra par la suite, car elle l'aura acquis ave sa modification forcée. »

Mais en ce qui concerne les travaux qui n'ont pour but
que l'amélioration de la propriété, et qui peuvent être exécutés soit par des associations autorisées, après déclaration d'utilité publique, en vertu de la loi du 22 décembre 1888, soit par d'anciennes associations libres transformées en associations autorisées, l'unanimité est loin
d'être aussi complète entre les auteurs. M. Aucoc (1) pense
que la solution doit être la même, parce que les actes administratifs qui approuvent et déclarent d'utilité publique
les travaux d'une association organisée même pour des
travaux facultatifs, et qui mettent à la disposition des asso-

____

(1) *Op.* et *loc. cit.*

ciés tous les moyens d'action dont l'administration est armée pour ses propres travaux et pour le recouvrement des contributions publiques, entraînent une assimilation complète des engagements pris par les membres de l'association, quelle que soit la nature du travail entrepris, avec les charges que l'administration peut imposer à la propriété en vertu des lois.

Pour M. Picard (1), il n'y a également aucune raison de distinguer. Le principal motif de la réalité du droit doit être tiré du fait du recouvrement des taxes comme en matière de contributions directes, mais, ajoute-t-il, « le seul fait que, dans certains cas, la majorité des intéressés peut contraindre la minorité à entrer dans l'association, suffirait à donner à celui-ci un caractère essentiellement territorial. On ne pourrait admettre qu'un propriétaire englobé malgré lui dans une association, en raison de la possession d'une parcelle située dans un certain périmètre, y restât englobé quand il a vendu cette parcelle, et du moment où le caractère territorial de la participation de certains membres est évident, on ne concevrait pas que la nature de l'engagement des autres membres, qui figurent sur le même pied dans l'association, fût différente. »

Mais pour M. Gain (2), les raisons qui l'ont décidé pour la première catégorie d'associations autorisées, n'existent

(1) *Op. cit.* T. IV, p. 112.
(2) *Op. cit.* § 25.

plus pour celle-ci : « Il n'y a plus ici de restriction imposée à la propriété, mais des associations consenties librement pour l'exécution des travaux..... l'intérêt public
n'est pas engagé, et il n'y a pas un péril commun ou un
dommage général à éviter, et par suite, raisonnablement,
le législateur n'a pas de sacrifice à imposer d'office aux
propriétaires..... » Il y a donc là au profit de la société
contre les adhérents un droit d'obligation qui forcera l'associé à exécuter les statuts et à payer les taxes, même
s'il aliène l'immeuble, parce que l'obligation est absolument indépendante de la possession de cet immeuble.

Quant à la jurisprudence du Conseil d'État, elle se refusait absolument à faire cette distinction, et elle a toujours
admis la réalité du droit, soit qu'il s'agît de travaux dont
il appartenait à l'administration d'imposer l'exécution, soit
qu'il s'agît simplement de travaux facultatifs (1).

En ce qui concerne les associations libres, si la jurisprudence n'a pas à notre connaissance résolu la question,
M. Aucoc (2) dénie encore le caractère de réalité du droit.
Les engagements pris par les associés étant libres et exclusivement régis, quant à leur nature et à leur transmis-
sion, par les règles du droit civil, « il résulte de là que
ces engagements n'ont en principe qu'un caractère personnel, et qu'ils ne grèvent pas la propriété elle-même, en

---

(1) Conseil d'État, 19 décembre 1879. Lebon, p. 823.— 24 juin 1890.
Lebon, p. 605. — 19 juillet 1890. Lebon, p. 706. — 2 mars 1895.
Lebon, p. 207.

(2) *Op. cit.* § 879.

la suivant de plein droit dans quelques mains qu'elle passe. Ce caractère de charge réelle ne peut découler que d'une disposition de la loi ou de l'intervention de l'autorité publique dans les conditions prévues par la loi. Si donc un membre d'une association libre ne prenait pas soin, en transmettant sa propriété, de stipuler dans l'acte qu'il transmet, avec les servitudes qui grèvent son immeuble, ses engagements envers l'association, le nouveau propriétaire ne serait pas lié : l'obligation de contribuer aux charges de l'association continuerait à peser exclusivement sur l'ancien propriétaire (1). »

M. Picard (2), au contraire, est d'avis que l'on ne saurait admettre pour les associations libres une solution autre que pour les associations autorisées. « Toute la contexture de la loi du 21 juin 1865 montre bien que le législateur a considéré ces deux sortes d'associations comme constituées des mêmes éléments. On ne concevrait pas sans cela la transformation de l'association libre en association autorisée sans contrat nouveau, ni le pouvoir donné à la majorité des associés d'imposer cette transformation à la minorité, toutes les fois que les statuts primitifs ne s'y opposent pas.

La nature même de l'association syndicale répugne à

-----

(1). M. Gain n'a pas traité explicitement cette question, mais les explications qu'il fournit sur les associations autorisées ayant pour objet des travaux d'amélioration, ne peuvent laisser aucun doute sur son opinion.

(2) *Op. cit.* T. IV, p. 113.

ce que l'adhésion qui y est donnée soit considérée comme
un engagement personnel. Il n'est pas admissible que les
adhérents primitifs qui, en vendant leurs biens, ont perdu
tout intérêt dans l'entreprise commune, puissent continuer
à y être associés, toutes les fois qu'ils ne se sont pas
subrogé leur acquéreur par un acte qui serait facultatif
pour tous deux. Le caractère personnel des engagements
conduirait à ce résultat absurde : la gestion, en commun
et à frais communs, d'une entreprise par des propriétaires
qu'elle intéresse gravement, et par d'anciens propriétaires
qu'elle n'intéresse plus du tout. La seule manière d'é-
chapper à cette conséquence serait d'admettre que chaque
vente d'une parcelle syndiquée amène la dissolution de
l'association, à moins que le nouveau propriétaire ne
consente personnellement à s'y substituer à l'ancien. Ce
sont là des résultats trop contraires à toute la législation
sur la matière pour être admis. »

C'est cette solution que nous adoptons, en nous ralliant
entièrement aux motifs donnés à l'appui par l'éminent
auteur. Sans doute, comme l'ont fait remarquer tous les
défenseurs de la théorie contraire, il est dur d'imposer aux
tiers acquéreurs une servitude qu'ils ont pu ignorer, et
que le vendeur aura peut-être eu le soin de leur laisser
ignorer. Mais les inconvénients du système contraire sont
trop grands, et surtout, comme le dit M. Picard, la nature
de l'association syndicale, telle qu'elle a été organisée par
la loi de 1865 et la réglementation subséquente, répugne
absolument à la personnalité du droit créé par l'engage-

ment des adhérents ; c'est cette raison juridique qui nous touche, plus que l'utilité pratique de notre solution et l'exposé de la pensée personnelle du commissaire du gouvernement en 1865. C'est bien la propriété même de ces adhérents qui est intéressée à l'association ; c'est bien elle qui supportera l'exécution des travaux et qui en recueillera les bénéfices. Considérer le propriétaire primitif comme seul engagé, c'est ne tenir aucun compte de la nature même de l'association syndicale ; c'est ensuite la priver dans bien des cas de tout recours contre cet adhérent, et porter gravement atteinte au crédit de l'association, donc entraver son développement et même sa constitution.

Nous laissons intentionnellement de côté, au contraire, un argument qui a été invoqué à la fois par les partisans des deux opinions, et qui nous paraît en réalité manquer de base effective. Il consiste à faire remarquer que plusieurs lois spéciales, entre autres celles des 13 juillet et 7 août 1882 relatives aux canaux d'irrigation de l'Hérault et du Forez, ont cru devoir stipuler que les engagements pris par les associés seraient inhérents à leurs immeubles et les suivraient en toutes mains : preuve, disent les partisans de la personnalité, que ces engagements n'avaient pas naturellement ce caractère de réalité ; preuve au contraire, disent les partisans de la réalité, que ce caractère est incontestable, puisque ces lois spéciales l'ont explicitement rappelé. Mais M. Aucoc nous paraît avoir victorieusement démontré le peu d'importance de ces clauses en expli-

quant que l'administration avait coutume de les insérer
dans tous les modèles d'associations qui devaient être autorisées par décret ; les lois en question, que le gouvernement a jugé nécessaire de faire voter au lieu de se contenter de décrets, à raison de la grande importance des
travaux et des engagements financiers pris par le Trésor,
ont simplement reproduit ces dispositions habituellement
insérées dans les décrets. Il ne nous paraît donc pas
possible d'en tirer un sérieux argument ni dans un sens
ni dans l'autre.

Nous croyons donc que le règlement de 1894, en fixant
définitivement le caractère de réalité des engagements pris
par les membres de toute association syndicale, n'a fait
que confirmer une situation que la jurisprudence considérait à bon droit comme déjà existante, et que l'on ne
saurait donc critiquer la validité de cet article 2 (1).

C'est pour les mêmes raisons que nous approuvons la
jurisprudence du Conseil d'État, qui décide, dans le silence
de la loi et du règlement, que la réalité du droit peut être
opposée même en dehors de toute transcription de l'acte
de vente (2). Nous ne nous dissimulons pas les agissements

(1) Nous n'admettrions pas aussi volontiers la déduction que M. Picard tire de la loi du 3 frimaire an VII, sur la contribution foncière,
en déclarant que le nouveau propriétaire peut délaisser le terrain
acheté à l'association. D'abord, celle-ci a toujours intérêt à avoir des
associés plutôt qu'un capital immobilier ; c'est ensuite instituer un
délaissement spécial dans un cas où la loi ne l'a pas prévu. Il est vrai
que M. Picard cherche à le justifier en faisant remarquer qu'il serait
gratuit !

(2) Conseil d'État, 4 novembre 1893. Lebon, p. 719.

coupables des associés que l'inutilité de la transcription pourra favoriser ; mais du moment qu'il était admis que la nature même de l'association syndicale s'opposait à la personnalité du droit créé par les engagements, il fallait bien sanctionner ce principe en n'exigeant pas la nécessité de la transcription ; ou bien il eût été facile de le tourner à tout instant.

La jurisprudence, au moins celle antérieure au règlement de 1894, restreint d'ailleurs cette inutilité de la transcription à l'engagement même de payer les taxes et aux charges réelles accessoires, telles que la taxe d'arrosage et les frais d'administration ou d'entretien ; elle a refusé de l'étendre aux autres engagements que les associés peuvent avoir pris en adhérant à l'association, et qui, n'étant pas des conséquences naturelles de la participation aux travaux entrepris, ne lui paraissent pas de leur nature inhérents à l'immeuble et devant le suivre entre les mains de tout tiers détenteur. Le Tribunal des conflits (1) a décidé que l'engagement ainsi contracté, lorsque son accomplissement n'avait pas été imposé à l'acquéreur par l'acte de vente et que la convention qui le contient n'avait pas été transcrite, ne pourrait être opposé à l'acquéreur, en vertu de la loi du 23 mars 1855. Comme l'a dit le commissaire du gouvernement, « ces conventions sont des actes translatifs de propriété qui rentrent directement dans les termes de la loi de 1855. Le texte de cette loi est

(1) Tribunal des conflits, 8 juillet 1893. — D..P. 94, 3, 70.

formel et constitue un obstacle matériel à toute extension de la jurisprudence. Il faut donc, pour que la convention soit opposable à l'acquéreur, ou une stipulation
du contrat de vente passé avec l'acquéreur ou la transcription de la cession faite au syndicat ; l'obligation
souscrite par l'adhérent n'est pas essentielle au fonctionnement de l'association d'irrigation comme la taxe représentative de l'usage de l'eau ; c'est une convention particulière variant à l'infini. » Tout en approuvant cette jurisprudence, nous devons constater qu'il y aura là une question d'appréciation peu facile à trancher dans beaucoup de
cas, surtout en présence de la généralité des termes de
l'article 2 du règlement, qui reconnait le caractère réel,
sans nécessité de transcription, aux « obligations qui
dérivent de la constitution de l'association syndicale. »

Les associations syndicales sont-elles établissements publics ou d'utilité publique ?

« Les établissements publics sont des personnes civiles
ayant une existence distincte et des ressources propres,
créées pour la gestion des services publics; les établissements d'utilité publique sont des établissements privés fondés par des sociétés de particuliers auxquels
il a paru convenable de conférer le bénéfice de l'exis-

tence civile à cause de l'intérêt, de l'utilité qu'ils peuvent présenter (1). »

Les établissements publics ne sont donc que des rouages de l'Etat, obligé de les créer par cette loi de la division du travail qui régit les Etats comme les simples particuliers, et qui ne lui permet pas de centraliser en lui-même les services multiples dont il est chargé : il ne peut suffire à sa tâche et surtout la mener à bonne fin qu'en confiant à des organes secondaires, doués d'une certaine indépendance, ceux de ces services dont la spécialité même exige la gestion par des individualités distinctes : les principaux de ces organes sont, en dehors des départements et communes, que l'on range parfois parmi les établissements publics, les hospices et hôpitaux, les bureaux de bienfaisance, les fabriques et consistoires, etc. Les établissements d'utilité publique sont au contraire des établissements organisés uniquement pour pourvoir à la gestion d'intérêts privés, mais dont l'œuvre utilitaire a paru digne d'une protection qui leur confère certains avantages, entre autres celui de jouir d'une existence propre et de pouvoir recevoir des dons et des legs : telles sont les sociétés de bienfaisance dont le nombre et la puissance s'accroissent si heureusement chaque jour.

A laquelle de ces catégories appartiennent les associations libres d'une part, les associations autorisées d'autre

<hr>

(1) Aucoc. *Op. cit.* T. I, p. 354. — Définition analogue donnée par M. Batbie. — *Traité de droit public et administratif*. T. V, no 1. — M. Ducrocq. *Cours de droit administratif*. T. II, no 1331.

part? En recherchant au début de cette étude leurs caractères juridiques, nous avons indiqué que nous ne saurions
nous contenter de leur reconnaître le caractère de personnes morales qui appartient également aux unes et aux
autres; il était nécessaire de définir plus étroitement leur
nature, mais pour y parvenir, il nous a semblé nécessaire
d'étudier auparavant leur vie civile : c'est en la considérant telle que le législateur l'a faite, c'est en connaissant
la réglementation qui leur a été imposée, que nous pouvons découvrir la solution d'une question qui a été et est
encore l'une des plus controversées de la matière, tant
pour la doctrine que pour la jurisprudence des deux juri-
dictions suprêmes de l'ordre judiciaire et de l'ordre administratif. Si nous nous attachions uniquement, en effet, à
la définition des établissements publics et d'utilité publique,
telle que nous avons essayé de l'établir d'après les auteurs,
il semble qu'aucun doute ne pourrait exister : les associations syndicales ne sont pas organisées pour gérer, comme
dépendances de l'Etat, des services publics ; elles sembleraient bien plutôt des établissements privés, fondés par des
sociétés de particuliers, auxquels la loi a conféré le bénéfice de l'existence civile, en raison du but d'utilité qu'ils
poursuivent ; elles ne pourraient donc figurer parmi les
établissements publics et ne paraîtraient pouvoir être assimilées qu'à des établissements d'utilité publique. C'est
pourtant à une conclusion tout opposée que l'étude que
nous leur avons consacrée nous a amenés : nous recon-
naîtrons sans hésiter aux associations autorisées, telles

que les a faites le régime qui leur est appliqué, le caractère d'établissements publics, et c'est aux seules associations libres que nous inclinerons à reconnaître le caractère d'établissements d'utilité publique. Nous croyons néanmoins devoir d'abord exposer rapidement les différents systèmes admis soit par les auteurs les plus autorisés, soit par la jurisprudence, tant en ce qui concerne les associations autorisées que pour les associations libres.

Pour M. Aucoc (1), « les associations autorisées, qui sont des espèces de communes spéciales, doivent être considérées comme des établissements publics. En effet non seulement elles sont constituées par des actes de l'administration, mais la majorité a le pouvoir de contraindre la minorité ; de plus elles jouissent pour l'exécution des travaux et le recouvrement de leurs recettes, des mêmes privilèges que l'administration ». M. Picard (2) partage entièrement l'opinion de M. Aucoc, et il va même jusqu'à déclarer « qu'il ne connaît aucun établissement de cette catégorie auquel aient été conférées, dans une aussi large mesure, les prérogatives réservées à l'administration. Leurs travaux sont des travaux publics, les terrains dont elles ont besoin peuvent être acquis par voie d'expropriation, leurs taxes sont perçues comme les impôts, en vertu de rôles rendus exécutoires, leurs comptes sont apurés comme ceux des communes (3) ».

(1) *Op. cit.* T. 1, § 206.
(2) *Op. cit.* T. IV, p. 404 et s.
(3) Dans le même sens, Dutruc. *Supplément aux lois de la procé-*

Mais d'autres auteurs refusent de voir dans les associations autorisées autre chose que des établissements d'utilité publique. Pour M. Gain (1), la question n'est pas douteuse, bien qu'il ne développe d'ailleurs pas les motifs qui l'ont porté à adopter cette opinion, et qu'il ne réfute pas non plus l'argumentation contraire ; M. Ducrocq (2) reconnaît que les associations autorisées jouissent d'une situation exceptionnelle, et se rapprochent par plus d'un point des établissements publics, mais il déclare que « malgré tous ces caractères exceptionnels (leurs travaux sont travaux publics, le recouvrement de leurs taxes s'opère comme en matière de contributions directes), qui les rapprochent des établissements publics, et auxquels on pourrait se méprendre, les associations autorisées ne sont que des établissements d'utilité publique..... Le vrai motif est que les associations syndicales, même autorisées, ne représentent en réalité que des intérêts privés collectifs, dont l'importance a sans doute mérité des prérogatives étrangères au droit commun des établissements d'utilité publique, mais qui ne peuvent faire d'elles, contrairement au caractère distinctif des établissements publics, des parties intégrantes de l'administration ».

En ce qui concerne la jurisprudence, si nous recherchions les arrêts rendus par les Cours d'appel et les arrê-

dure de *Carré et Chauveau*. T. II. V°. *Exploit*. n° 193. — Boitard et Colmet-Daage, sur l'art. 69 *ad notam*, n° 181.

(1) *Op. cit.* § 134.
(2) *Op. cit.* T. II, § 1574.

tés des Conseils de préfecture, nous serions forcés de reconnaître que leur doctrine est aussi divisée que les auteurs sur cette question ; si nous nous bornons à la jurisprudence des tribunaux suprêmes de l'ordre administratif et de l'ordre judiciaire, nous constatons que la Cour de cassation a abouti, après hésitation, à reconnaître aux associations autorisées le seul caractère d'établissements d'utilité publique ; quant au Conseil d'État, on ne saurait trouver dans les décisions d'espèce qu'il a rendues sur ce point une expression bien nette de son opinion.

La Cour de cassation avait autrefois décidé qu'une association autorisée participe de la nature des établissements publics et en réunit tous les caractères (1) ; elle est revenue sur sa doctrine, sans qu'il nous ait été possible de découvrir les motifs de ce revirement, et elle a décidé. par un arrêt de principe relativement récent, que l'association syndicale autorisée ne faisait point partie intégrante de l'administration, ne s'y rattachait pas d'une façon intime, et n'était en conséquence qu'un établissement d'utilité publique (2).

Le Conseil d'État a d'abord rendu un arrêt dont on aurait peut-être pu induire son refus de reconnaître à ces associations le caractère d'établissements publics ; il a décidé, à l'occasion d'une élection au conseil général, que les taxes perçues par un syndicat forcé, quoique assimilées

(1) Cass. 20 février 1844.
(2) Cass. 1er décembre 1886. — D. P. 87, 1, 183.

pour leur recouvrement aux contributions directes ne pouvaient être considérées comme contributions directes, et que les dépenses de ce syndicat ne pouvaient être considérées comme dépenses publiques : en conséquence, le receveur chargé de recouvrer les unes et d'acquitter les autres ne pouvait être frappé de l'incapacité spéciale établie par l'article 8 de la loi du 10 août 1871, qui déclare inéligibles au conseil général les agents de tout ordre employés à la perception des contributions directes ou indirectes et au paiement des dépenses publiques de toute nature, dans le département où ils exercent leurs fonctions (1). Mais cette décision, rendue à propos d'une telle espèce, ne peut établir formellement une jurisprudence, et nous doutons fort, d'ailleurs, que le Conseil d'État rende une décision semblable sous l'empire du règlement de 1894, pour les motifs que nous avons indiqués en traitant du recouvrement des taxes et du régime financier des associations. En sens contraire, nous trouvons des arrêts du Conseil décidant que les associations sont assujetties à la taxe des biens de mainmorte et les qualifiant en même temps d'établissements publics (2) ; M. Gain fait remarquer que ces décisions ne peuvent guère être prises en considération dans l'un ou l'autre sens, car la qualité d'établissements d'utilité publique n'eût pas dis-

---

(1) Conseil d'État, 25 mars 1887. Lebon, p. 272 (Le Commissaire du gouvernement avait d'ailleurs conclu en sens contraire).

(2) Conseil d'État, 17 janvier 1890. Lebon, p. 29. — 13 juillet 1889. Lebon, p. 856. — Voir aussi 30 juin 1894. Lebon, p. 458.

pensé les associations du paiement de la taxe des biens de mainmorte.

En ce qui concerne les associations libres, il y a unanimité complète de la doctrine et de la jurisprudence pour leur refuser le caractère d'établissements publics, et il ne saurait en être autrement puisque leur indépendance, même relative, vis-à-vis de l'administration, ne permet pas bien évidemment de leur reconnaître le caractère d'organes de l'administration; mais la controverse n'en existe pas moins sur le point de savoir si elles constituent des établissements d'utilité publique ou de simples sociétés civiles.

La majorité des auteurs leur reconnaît pourtant uniquement ce dernier caractère; nous citerons notamment M. Aucoc, dont l'opinion à cet égard était certaine en présence des raisons qui lui ont fait reconnaitre le caractère d'établissements publics aux associations autorisées (1); M. Ducrocq, qui se détermine par ce principal motif que ces associations se forment sans l'intervention de l'administration et par le consentement unanime des associés, alors que nul établissement d'utilité publique ne peut exister qu'en vertu d'un acte de la puissance publique (2).

M. Picard, qui est à peu près le seul champion autorisé de l'opinion contraire, reconnaît bien que les associations

(1) *Op.* et *loc. cit.*
(2) *Op. cit.* T. II, § 1578.

libres, ne disposant d'aucun des moyens d'action réservés
en général à l'administration et se formant sans son intervention, peuvent à bon droit être considérées par la plupart des auteurs comme ne faisant partie ni des établissements publics, ni des établissements d'utilité publique, et
se rapprochant davantage des sociétés civiles, mais il ajoute
que « sans vouloir combattre cette doctrine universellement admise, il ne répugnerait nullement à voir en elles
des établissements d'utilité publique qui, par un bienfait
spécial de la loi, auraient la faculté de se constituer sans
recevoir aucune investiture individuelle des organes de
l'autorité (1) ». Si l'on excepte cette opinion isolée,
et presque timidement défendue par l'éminent auteur,
nous reconnaissons donc que la doctrine est d'accord pour
considérer ces associations comme de simples sociétés
civiles.

. Si nous interrogeons maintenant la jurisprudence, nous
ne saurions, bien entendu, trouver en cette matière de
décision administrative ; et la seule décision judiciaire
généralement citée (2) n'a même pas tranché la question,
car elle déclare uniquement que les associations libres ne
sont pas des établissements publics, ce qui ne saurait faire
de doute pour personne, et elle ne s'est pas prononcée sur
le caractère à leur reconnaître d'établissements d'utilité
publique ou de simples sociétés civiles.

(1) *Op.* et *loc. cit.*
(2) Nîmes, 22 avril 1872. D. P. 73, 5, 249.

Pour les associations autorisées d'abord, nous n'hésitons pas, comme nous l'avons déjà indiqué, à nous rallier à l'opinion de MM. Aucoc et Picard et à les considérer comme établissements publics ; nous adoptons également les arguments fournis par ces deux auteurs et notamment par M. Picard, arguments de fait surtout, auxquels leur haute situation administrative vient donner une importance toute particulière, et nous croyons en outre que cette opinion a trouvé une nouvelle force dans le règlement de 1894, postérieur à la plupart des ouvrages qui soutiennent la théorie contraire.

L'objection la plus importante qui ait été faite à l'opinion que nous adoptons est celle-ci : les intérêts que représentent les associations syndicales, quelles qu'elles soient, ne peuvent être, a-t-on dit, que des intérêts privés, et la réunion d'intérêts privés ne saurait constituer un intérêt public. Il y a dans ce raisonnement, qui semble au premier abord d'une exactitude absolument probante, quelque chose de spécieux : il admet, en effet, qu'il existe une distinction absolument tranchée, presque mathématique, entre l'intérêt privé et l'intérêt public, qui les empêche de se confondre. Mais il ne faudrait pas oublier, au contraire, que l'intérêt public ne se compose jamais que de la réunion des intérêts privés ; qu'il n'existe pas en lui-même, abstraction faite de toute relation avec ces intérêts ; mais qu'au contraire ce sont ces multiples intérêts privés, qui par leur groupement et le but commun qu'ils poursuivent, constituent l'intérêt général. Et les établissements de toute

sorte, auxquels on reconnaît sans conteste le caractère
d'établissements publics, n'ont précisément jamais pour
objet que de desservir des intérêts de cette nature. Pourrait-
on dire, par exemple, que les hôpitaux ne répondent pas à
un intérêt public, parce qu'il existe nombre de personnes qui
n'éprouveront jamais la nécessité d'en franchir le seuil?
pourrait-on dire, et l'exemple est plus frappant encore,
que les établissements affectés à tel ou tel culte ne répondent pas non plus à un intérêt public, parce qu'ils ne sont
destinés qu'à ce culte, qui peut compter des adhérents en
nombre relativement peu considérable, comparé à la masse
de la nation? On devrait alors, si ce motif de refuser le
caractère d'établissements publics aux associations autorisées était fondé, dénier sans aucun doute ce caractère aux
établissements consacrés au culte israélite, c'est-à-dire à
la religion et aux intérêts d'une portion proportionnellement infime du peuple français. Personne ne l'a jamais
soutenu, parce qu'on reconnaît généralement que la
réunion d'intérêts privés prend le caractère d'un intérêt
public, quand la satisfaction qui lui est accordée profite
à une collectivité suffisamment étendue, et quand l'œuvre
dont elle réclame l'accomplissement fait partie de celles
dont l'administration doit favoriser ou même assurer
l'accomplissement. Or n'est-ce pas à des intérêts de ce
genre que vient répondre la constitution de l'association
autorisée, telle du moins que la législation et le pouvoir
réglementaire de l'administration l'ont faite aujourd'hui?
Les travaux exécutés par ses soins n'auront-ils pas d'ail-

leurs pour effet de porter la prospérité à une région peut-
être peu étendue, mais qui n'en constitue pas moins toujours une portion de la France, dont la richesse ou la
pauvreté pourra influer sur la situation économique du
pays entier ? La meilleure preuve en est dans ce fait que,
parmi les travaux exécutés par les associations syndicales,
il en est qui seraient exécutés d'office par l'administration, à défaut de l'initiative des intéressés, au moyen de la
constitution de syndicats forcés ; et l'État ne prend pas ce
procédé un peu détourné parce qu'un tel travail lui paraît
ne pouvoir être opéré que par les intéressés eux-mêmes ; il
recourt à ces syndicats dans le seul but de faire exécuter,
avec plus de facilité et d'économie pour le budget, un
travail dont il pourrait sans aucun doute charger ses propres ingénieurs. Est-ce donc bien des intérêts privés, dans
le sens étroit du mot, ces intérêts dont l'État pourrait,
sans outrepasser son rôle, assurer lui-même la satisfaction si les intéressés négligeaient d'y pourvoir ?

Sans doute, tel n'est pas le caractère de tous les travaux exécutés par les associations syndicales autorisées,
et la loi de 1888, en étendant la coercition à des cas où la
constitution d'une association libre était auparavant seule
possible, a marqué une tendance singulière du législateur
à confondre davantage encore l'intérêt public avec l'intérêt
privé, quand ce dernier exige l'accomplissement d'une
œuvre qui ne peut se réaliser que par le groupement d'un
certain nombre d'intéressés ; mais nous n'entendons pas,
dans la recherche à laquelle nous nous livrons, discuter

cette question en théorie ; nous considérons seulement la loi telle qu'elle existe, sans nous préoccuper de ce qu'elle devrait être, et à ce point de vue, il nous paraît impossible de ne pas reconnaître que le législateur a cru, à tort ou à raison, que les associations syndicales relevaient de l'intérêt public : ce seul motif pouvait justifier la protection et le contrôle qu'il leur a imposés, et dont les auteurs du règlement de 1894, dans l'intention de compléter son œuvre, ont encore considérablement étendu l'application.

Nous arrivons ainsi à la seconde objection, consistant en ce prétendu fait, que la loi du 21 juin 1865 ne soumettrait pas les associations autorisées à la tutelle administrative. dont les établissements publics ne peuvent jamais être affranchis. Sans doute, en effet, la loi de 1865, votée à une époque où une vive réaction se faisait jour contre la puissante centralisation jusque-là en faveur, n'a pas soumis les associations autorisées à une tutelle extrèmement étroite, et a paru chercher au contraire, à en croire tout au moins ses auteurs, à leur donner une vie indépendante, sous un contrôle lointain de l'administration, quoique d'ailleurs cette tendance se soit manifestée plutôt dans la préparation de la loi et dans les discours des orateurs du gouvernement que dans le texte même. Mais depuis cette époque, la situation a changé ; bien que la décentralisation compte aujourd'hui, comme alors, des partisans convaincus, leurs efforts se sont fait sentir dans les réformes apportées à l'organisation des départements et des communes, mais soit négligence, soit indifférence, les associations syndicales n'ont pas été dans ces dernières années l'objet de leurs préoccupations, et l'administration, fidèle à ses principes de bienveillance autoritaire, en a profité pour assurer sa puissance sur les associations, estimant sans doute que leur développement, qu'elle déclarait favoriser de tous ses vœux, était subordonné à leur docilité sous la main qui se chargerait de les diriger depuis leur naissance jusqu'à leur dissolution. Et c'est à cette idée qu'ont répondu la loi de 1888 et surtout le règlement de 1894, rédigé en fait par l'autorité administrative elle-même, en vertu d'une délégation dont elle a largement apprécié l'étendue; l'organisation tout entière des associations autorisées est soumise aujourd'hui à des dispositions générales qui assurent à chaque pas l'intervention protectrice de l'administration, et il est donc impossible de dire dorénavant ce que l'on pouvait peut-être encore soutenir en 1865, que les associations autorisées ne sont pas soumises à la tutelle administrative.

Lorsque des propriétaires se réunissent et s'associent dans un intérêt commun à leurs propriétés, et que l'administration vient conférer à leur réunion un caractère officiel en lui confiant l'exercice de moyens d'action exorbitants du droit commun et en lui imposant en échange une tutelle étroite, la collectivité ainsi administrativement formée prend bien le caractère d'un établissement public, c'est-à-dire d'un organe administratif. La constitution de ces associations ne peut s'opérer au gré de leurs membres;

les formes en sont prévues et leur fonctionnement doit être uniforme, comme il en est pour tous les établissements publics qui tirent leur existence et leurs règles d'organisation de la loi. Leur tâche peut être accomplie, à défaut d'association, par l'administration elle-même ; les moyens d'action que le législateur leur confère, en leur accordant notamment le droit de coercition et le droit d'expropriation, sont des moyens réservés à l'administration, les sommes dont elles ont la gestion sont assimilées aux deniers publics, puisqu'elles sont recouvrées dans les conditions mêmes où l'administration perçoit les contributions publiques, et que leur maniement soumet ceux qui en ont la charge à la juridiction organisée pour apurer les comptes des comptables de deniers publics, enfin l'administration intervient à tout instant dans leur œuvre, soit pour en contrôler l'exécution, soit même pour l'imposer, lorsqu'elle est abandonnée, négligée ou organisée contrairement à ses vues. La liberté même dont l'association peut jouir, pour les actes dont l'approbation n'est pas exigée, est une bien singulière liberté, puisqu'elle doit prévoir dans les statuts toute son organisation intérieure, et que l'autorité administrative a la haute main sur ces statuts, dont elle peut à son gré obtenir la modification, en faisant peser sur l'association la menace du refus d'autorisation.

Tous ces caractères sont bien pour nous exclusifs de la qualité d'établissements d'utilité publique, c'est-à-dire d'établissements libres, n'ayant en vue que l'intérêt de

leurs membres ou de l'œuvre à laquelle ils se consacrent,
et maîtres de leur organisation et de leur administration. Et
si l'on peut reprocher à bon droit à cette théorie de reconnaître à ces associations un caractère trop essentiellement
administratif, alors qu'il vaudrait peut-être mieux, dans
l'intérêt même du but qu'elles entendent poursuivre, leur
laisser au moins dans une certaine mesure l'indépendance
et la liberté, nous répondrons encore une fois que notre
prétention n'est pas ici de déterminer le régime idéal
auquel elles devraient être soumises ; nous indiquons seulement, et non d'ailleurs sans un certain sentiment de
regret, la situation qui leur est aujourd'hui légalement et
administrativement faite, et notre examen nous amène
tout naturellement à conclure qu'il serait d'une contradiction vraiment singulière de placer, d'une part, les associations autorisées sous un régime de surveillance et de
tutelle tellement étroit qu'aucune indépendance ne leur
est plus guère réservée, et de déclarer, d'autre part, qu'il
vaut mieux, dans l'intérêt même de cette indépendance,
leur reconnaître le caractère d'établissements d'utilité
publique.

Pour les associations libres, nous ne serons pas aussi
affirmatifs. Il nous paraît bien difficile de nous rallier à la
doctrine de M. Picard qui, reconnaissant qu'elles ne
reçoivent aucune investiture individuelle des organes de
l'autorité administrative, est contraint, pour pouvoir leur
attribuer le caractère d'établissements d'utilité publique, de
déclarer qu'elles jouissent, en vertu d'une faveur spéciale

de la loi, du droit de se constituer sans cette investiture.
D'autre part, comment reconnaître le caractère de simples
sociétés civiles à des associations qui, comme le remarque
l'éminent auteur, ne donnent pas lieu à un partage de
bénéfices proprement dit et ne tendent qu'à l'amélioration
des domaines de leurs membres, qui sont soumises à une
coercition de la part de l'administration, qui surtout, et
c'est là l'originalité de cette forme de société, ont le caractère d'associations territoriales, que l'article 2 du règlement, par la généralité de ses termes, leur attribue sans
conteste ? Quelque système que l'on adopte, que l'on considère les associations libres comme des établissements
d'utilité publique ou comme de simples sociétés civiles, on
est obligé dans les deux cas de déclarer qu'elles ne sont
pas absolument conformes au type général de la classe
dans laquelle on veut les faire entrer, qu'elles sont ou des
établissements d'utilité publique dotés d'un privilège
spécial quant à leur constitution, ou des sociétés civiles
organisées dans un but d'un genre absolument particulier,
douées de privilèges spéciaux et soumises dans des conditions exorbitantes du droit commun à l'action de l'autorité administrative. Il nous paraît donc impossible de leur
imposer une classification à laquelle leur nature mixte
répugne essentiellement.

CONCLUSION

La recherche même que nous venons de faire du caractère des associations syndicales ne constitue-t-elle pas la
meilleure conclusion que nons puissions donner à cette
étude? Nous avons volontairement attendu, pour déterminer leur nature intime, d'avoir passé en revue dans
leurs détails les différents actes de leur vie civile, depuis
leur naissance jusqu'à leur dissolution, et partout nous
avons rencontré l'intervention de l'État, ou pour parler
plus exactement, une coopération si étroite de la puissance publique à leur œuvre, qu'elle absorbe dans son
action la personnalité de ces associations ; peut-on reconnaître un caractère individuel nettement défini à une personne civile qui ne peut concevoir aucun acte important
sans avoir besoin de l'approbation supérieure, qui est
soumise, pour l'exécution de cet acte, à la surveillance
constante des agents de l'administration, et qui ne peut
régler les détails de son existence sans soumettre cette
réglementation au représentant du gouvernement, maître
absolu de lui refuser, sans même motiver sa décision,
l'investiture qui lui est nécessaire pour aborder le programme de ses travaux ?

On nous dira peut-être que cette étroite tutelle ne s'applique qu'aux associations autorisées, que la loi a respecté l'existence des associations libres, en leur permettant de se constituer du seul consentement de leurs membres, et en leur laissant la faculté de régler à leur gré, sous leur seule responsabilité, l'œuvre qu'elles désirent entreprendre et les moyens d'en assurer l'exécution. A cela nous répondrons d'abord que le droit souverain d'appréciation conféré à l'autorité administrative, qui peut faire exécuter d'office les travaux abandonnés ou non entretenus par les associations, mettrait, si l'on admet l'application de cette disposition légale aux associations libres, un singulier obstacle à l'exercice de leur liberté ; le législateur a pris ensuite à tâche de nous démontrer lui-même, en admettant par la loi de 1888 l'extension de l'association autorisée à tous les travaux d'amélioration agricole ayant un caractère collectif, que le champ des opérations pouvant être effectuées par les associations libres était aussi restreint que les moyens d'action dont elles disposent, et que seules les associations autorisées pouvaient accomplir l'œuvre de développement et de progrès dans l'intérêt de laquelle l'État avait cru devoir favoriser le groupement des intéressés dans un but commun.

Si donc nous laissons de côté les associations libres, non sans faire d'ailleurs toutes réserves sur le régime mixte et incertain qui leur est ainsi appliqué, pouvons-nous dire que la législation des associations autorisées, telle qu'elle existe aujourd'hui, soit bien conforme à la pensée qui guidait le gouvernement, lorsqu'il proclamait la nécessité de développer l'action individuelle, seule capable d'assurer, avec l'aide de l'État, le relèvement de notre agriculture menacée ? Nous n'hésitons pas à croire que non. Sans doute le concours moral et financier que l'État devait apporter aux associations expliquait dans une large mesure la réserve d'un droit de contrôle et de surveillance, sans doute son intervention nécessaire dans leur constitution et les moyens d'action qu'il leur attribuait exigeaient qu'il justifiât la confiance que cette intervention même avait inspirée aux associés et aux tiers, de même que les subventions qu'il accordait devaient lui permettre d'assurer l'utile emploi de ses libéralités ; mais rien ne l'autosait à se substituer en réalité à l'initiative et à l'action privées : il y avait là une limite qu'il devait se garder avec soin de franchir. Et cette extension injustifiée du rôle de l'État est due pour la plus grande partie, par une contradiction singulière, à l'œuvre du Conseil d'État, dont la jurisprudence semble pourtant avoir pris à tâche de réprimer, avec une remarquable hauteur de vues, les empiètements d'une administration trop confiante, autrefois surtout, dans l'étendue de ses prérogatives souveraines : c'est le règlement de 1894, comme nous avons eu tant de fois l'occasion de l'indiquer, qui est venu resserrer les liens rattachant l'association à l'autorité administrative, et par le détail même de la réglementation qu'il lui imposait sous la haute approbation des agents du gouvernement, a fait d'elle un rouage de l'administration, au lieu de lui laisser le rôle qui lui convenait d'une collectivité connaissant ses droits et ses devoirs, et placée seulement sous une tutelle discrète qui assurât le libre exercice des uns et le respect des autres.

Le Conseil d'État a pu être guidé dans cette voie par des considérations d'utilité pratique, par l'expérience acquise des faibles résultats obtenus par des efforts insuffisamment dirigés ; il n'y en a pas moins là une tendance qui nous a paru utile à signaler à une .époque où une école économique et politique travaille plus que jamais à propager cette conception grosse de dangers que l'État ne devrait plus être seulement le promoteur et le régulateur de l'initiative individuelle, mais serait en outre tenu de veiller lui-même à assurer la satisfaction de nombre d'intérêts privés ; « si tout intérêt un peu général devenait sans distinction affaire d'État, les particuliers s'habitueraient à compter en toute chose sur le goûvernement, et il ne faut pas qu'il puisse être considéré comme une providence » (1).

(1) M. Cauwès. *Economie politique.* T. I, § 101.

Vu :
Le Président de la thèse,
ESMEIN.

Vu :
Le Doyen,
E. GARSONNET.

Vu et permis d'imprimer :
Le Vice-Recteur de l'Académie de Paris,
GRÉARD.

TABLE DES MATIÈRES

Pages

Introduction 1

Chapitre Ier. — **Nature et caractères juridiques de l'association syndicale. Personnalité civile
et ses conséquences.** 27

Chapitre II. — **Travaux pouvant donner lieu à la constitution d'associations.** 42

Chapitre III. – **Constitution des associations** 60

   I. — *Associations libres :*

      Acte d'association. — Consentement des
      associés. — Publicité. 60

   II. — *Associations autorisées :*

      Droit d'initiative 71
      Projet d'association. 75
      Enquête 93
      Assemblée générale. 97
      Autorisation préfectorale. 103

   III. — *Droits réservés à ceux qui se trouvent lésés par la constitution de l'association* 106
      I. — Recours 107
      II. — Délaissement 113

   IV. — *Conversion des associations libres en
autorisées* 124

Chapitre IV. — **Organisation et fonctionnement** 135

   I. — *Associations libres.* 135

   II. — *Associations autorisées.* 137

Chapitre V. — **Du mode d'action des associations auto-
          risées** 155

    1. — *Des taxes syndicales.* 156
          Répartition 157
          Mise en recouvrement 162
          Réclamations 169
    II. — *Régime financier.* 181
    III. — *Travaux* 191
          Expropriation 200
    IV. — *Exercice des servitudes d'irrigation.* . 205

Chapitre VI. — **Modifications et dissolution des associa-
          tions.** 212

Chapitre VII. — **Compétence** 219

    *Nature du droit créé par l'adhésion d'un proprié-
      taire à l'association syndicale.* 228

    *Les associations syndicales sont-elles établisse-
      ments publics ou d'utilité publique?* . . . 241

Conclusion. 258

AR. ROUSSEAU, Imprimeur-Editeur, PARIS.